Politik mag langweilig sein, oder ärgerlich, aber sie bestimmt unser Leben. Denn Politik ist der Prozess, in dem die öffentlichen Angelegenheiten und Probleme einer Gesellschaft entschieden werden. Politik wägt die Lösungsmöglichkeiten ab und setzt eine Lösung durch, die dann für alle verbindlich ist. Deshalb ist es unvernünftig, sich nicht um Politik zu kümmern. Wer versteht, wie Politik funktioniert, kann sie nicht nur besser begreifen, sondern auch mitgestalten.

Wolf Wagner, geboren 1944, war bis 1991 Privatdozent für Politische Wissenschaft an der Freien Universität Berlin. Heute ist er Professor für Sozialwissenschaften und Rektor der Fachhochschule Erfurt.

Wolf Wagner

Wie Politik funktioniert

Deutscher Taschenbuch Verlag

Originalausgabe
Juni 2005
© Deutscher Taschenbuch Verlag GmbH & Co. KG,
München
www.dtv.de
Dieses Werk wurde vermittelt durch Aenne Glienke/Agentur für Autoren
und Verlage, www.Aene.Glienke.Agentur.de
Das Werk ist urheberrechtlich geschützt. Sämtliche, auch
auszugsweise Verwertungen bleiben vorbehalten.
Umschlagkonzept: Balk & Brumshagen
Umschlagfoto: © KEYSTONE Pressedienst
Satz: Fotosatz Reinhard Amann, Aichstetten
Gesetzt aus der Aldus und der News Gothic
Druck und Bindung: Druckerei C. H. Beck, Nördlingen
Gedruckt auf säurefreiem, chlorfrei gebleichtem Papier
Printed in Germany · ISBN 3-423-34163-7

Inhaltsverzeichnis

Einleitung
Warum Interesse an Politik?

Politik gilt als unanständig und langweilig. Bei Umfragen über das Prestige der Berufe schneiden Ärzte und Professoren am besten, Politiker am schlechtesten ab. Politische Sendungen haben im Fernsehen die niedrigsten Einschaltquoten. Wozu dann über Politik schreiben? Warum sollte sich jemand dafür interessieren?

Ich nehme mich selbst als Beispiel und beschreibe, wie ich zur Politik gekommen bin. Dann wird vielleicht verständlich, was Politik bedeuten kann und was es notwendig und spannend macht, sich mit ihr zu beschäftigen.

Mein Weg zur Politik

Ich war zehn oder elf Jahre alt, als ich zum ersten Mal bewusst mit Politik in Berührung kam. Das war in den fünfziger Jahren. Es gab noch kein Fernsehen. Meine Mutter hörte beim Bügeln und Zusammenlegen der Wäsche Radio. Ich saß dabei und machte Hausaufgaben. Im Radio wurde aus dem Bundestag eine Debatte übertragen. Es ging um die Wiederbewaffnung der Bundesrepublik. Vom Inhalt der Reden verstand ich wenig. Aber die Gefühle, die Dringlichkeit und die Leidenschaft, die erhobenen Stimmen, mit denen sie vorgetragen wurden, kamen bei mir an. Alle sprachen mit Inbrunst und schienen völlig überzeugt zu sein von ihrer Sache und von der Gefährlichkeit und Abwegigkeit der anderen Positionen. Stärker noch beeindruckte mich die Reaktion meiner Mutter. Sie unterstützte die Gegner der Wiederbewaffnung mit zustimmenden Ausrufen wie »richtig«, »genau«, »gut so« und kommentierte das Ende einer jeden Rede mit Lob, das sie an das Radio richtete, als ob sie dort jemand hören könnte.

»Eine hervorragende Rede!« oder »Das hat aber gesessen! Da kann doch niemand mehr dafür sein!« Die Befürworter der Wiederbewaffnung dagegen überhäufte sie mit Kommentaren wie »unerhört«, »unglaublich«, »unmöglich« und beschimpfte sie am Ende ihrer Reden. »So eine schlechte Rede!« oder »Wie kann man so etwas sagen? Schämen sollten Sie sich!« Für mich war es eher ein sportliches Ereignis, weil ich nicht so recht verstand, worum es ging. Auf jeden Fall war ich auf der Seite meiner Mutter und wünschte, dass ihre Seite gewinnen sollte. Sie verlor. Die Bundesrepublik bekam bekanntlich 1956 die Bundeswehr.

Ähnlich war es beim zweiten politischen Ereignis, an das ich mich erinnere. Mutter und Großmutter hatten uns Kinder mit auf den Marktplatz genommen. Dort wurden auf einer großen Tafel die hereinkommenden Ergebnisse aus den Stimmbezirken aufgehängt. Es ging um die Wahlen zum Bürgermeister und zum Gemeinderat. Ich weiß nicht mehr, warum die so wichtig schienen. Aber ich weiß noch, dass es wie bei einem Fußballspiel bei jedem neuen Ergebnis, das ausgehängt wurde, aus unterschiedlichen Gruppen Beifall, Jubel oder Buhrufe gab. Es war ein knappes Rennen, und wir fieberten und jubelten mit unserer Mutter für den Kandidaten, der schließlich unterlag.

Das Gefühl war entscheidend. Meine Mutter zeigte mit ihrer Leidenschaft, dass es bei der Politik um wichtige Dinge ging. Denn sonst war sie nicht mit solchem Eifer bei der Sache. Man hatte ihr beigebracht, dass sie sich als Frau zu mäßigen hatte. Dieses ungewöhnliche Engagement hat mich neugierig gemacht und – wohl, weil ich meiner Mutter gefallen wollte – dazu gebracht, politischen Themen mit größerem Interesse zu begegnen. Die Gefühle waren die gleichen wie bei einem Fußballspiel. Man identifiziert sich aus irgendwelchen Gründen mit einer Mannschaft und ist niedergeschlagen, wenn sie verliert. Warum wir für den einen Kandidaten gefiebert haben und nicht für den anderen, wusste ich weder damals noch heute. So wie kleine Jungs für Fußball begeistert werden, wenn ihr Vater oder älterer Bruder sie ins Stadion mitnimmt, so beeindruckte mich die Aufregung und Begeisterung der Leute in der Politik. Erlebte atmosphärische Grundstimmungen prägen die Haltung gegenüber Dingen oft stärker als rationale Einsichten. So äußerte ich mit vierzehn Jahren –

nach den altersüblichen Ausflügen ins Eisenbahnwesen und zur Polizei – den Berufswunsch, Journalist zu werden. Meine Mutter hatte ohne Absicht die Weichen dazu gestellt. Doch wie kam sie selbst – ganz ungewöhnlich für Frauen ihrer Zeit, sie wurde 1910 geboren – zu ihrem Interesse an Politik?

Die Geschichte meiner Eltern

Nach allem, was ich weiß, hat sich meine Mutter anfangs überhaupt nicht für Politik interessiert. Im Gegenteil, sie muss sie gehasst haben. Denn in ihrem Elternhaus war Politik der beständige Anlass für heftigen Streit. Der Vater meiner Mutter war bis ins Mark Katholik und als solcher engagiertes Mitglied in der damals existierenden Partei der Katholiken, der Zentrums-Partei. Die Mutter meiner Mutter war eine strenge Protestantin mit einer Abneigung gegen den Papst und alles Katholische wegen des Prunks und der Sinnlichkeit, die sie von den Protestanten unterschieden. Der Vater bestand darauf, dass man nur bei Katholiken einkaufen sollte. Die Mutter tat das Gegenteil. Der Vater hatte der katholischen Kirche seine Kinder versprochen. Die Mutter brachte drei der vier katholisch getauften Kinder dazu, in die protestantische Kirche überzuwechseln. Der Vater bejahte die Weimarer Republik. Die Mutter wollte zurück ins Kaiserreich. Politik, Religion und persönliche Rachegefühle waren nicht mehr zu unterscheiden und wurden als permanenter Krieg vor der versammelten Familie ausgefochten. Das ging so weit, dass der Vater meiner Mutter vorgab, er wolle noch ein Bier trinken gehen und stattdessen heimlich in die Kirche ging. Meine Mutter erzählte mir mit Abscheu von diesen Kämpfen und wie sie als Kinder zwischen die Fronten geraten waren.

Als ihre beiden älteren Brüder begannen, für die Nazis zu schwärmen, wohl auch als Auflehnung gegen den katholischen Vater, spitzte sich der Streit in der Familie noch weiter zu. Für den Vater war es das Schlimmste, was ihm passieren konnte. Für ihn waren die Nazis der Antichrist, der Niedergang der menschlichen Zivilisation, der sichere Aufbruch in einen neuen Weltkrieg. Für die Söhne war der Nationalsozialismus der Aufbruch in eine neue, moderne Welt mit einem starken, klaren Deutschland. Die katholische Zentrumspartei ihres Vaters war für sie Inbegriff all dessen, was sie an der Weimarer Republik hassten: Das Eintreten für die Schwachen, für Menschenrechte, für internationale Kooperation, für Kompromissbereitschaft, für Frieden um jeden Preis. Für sie war das Zentrum eine Partei der alten Leute. Sie selbst sahen sich und ihre Partei, die sie Bewegung nannten, als die Partei der Jugend, der Zukunft, der Klarheit und der Macht.

Die Positionen hätten nicht krasser aufeinander treffen können. Jedes Essen, jedes Gespräch endete in Streit und Türenschlagen. Es war ein Männerstreit. Die Frauen suchten zu schlichten, wollten für Ruhe sorgen, verboten politische Themen bei Tisch. Doch die Männer hörten nicht auf sie. Immer wieder schrieen sie sich an, drohten einander. Deshalb hat meine Mutter damals Politik gehasst. Und vielleicht auch deshalb hat sie sich damals in einen völlig unpolitischen Mann verliebt, großgewachsen, schlank, sportlich, der nichts anderes wollte als eine glückliche Familie aufbauen. Denn er war von seinem Vater mit einem unstillbaren Ehrgeiz gequält worden. Darum hatte er sich als Erwachsener Ansprüchen, die über das private Familienglück hinausgingen, verweigert.

So haben sich die beiden gefunden und geheiratet. Meine Mutter wollte sechs Söhne haben. Denn in ihrer ersten bezahlten Arbeit hatte sie in einer vaterlosen Familie als Erzieherin von sechs wilden Jungs ihre Bewährungsprobe bestanden. Das passte zu seiner Vorstellung vom privaten Glück. Einträchtig ignorierten sie die Politik, die sich damals mehr und mehr zuspitzte.

Denn sie heirateten im Jahr 1938. Die Politik steuerte damals direkt auf den großen Krieg zu. Deutschland hatte sich unter den Nazis verwandelt. Die Politik war in den Alltag eingedrungen, selbst das Grüßen war zur politischen Nagelprobe geworden. Menschen in der Nachbarschaft wurden abgeholt. Juden zuerst aus ihren Positionen, dann aus ihren Häusern gedrängt. Ungeheuerlichkeiten geschahen überall, sichtbar für alle. Meine Mutter erzählte, wie mein Vater am 9. November 1938 von der Arbeit in der Berliner Innenstadt heimkam und ihr mit Tränen in den Augen vom Brand der Synagoge und von der Verfolgung von Juden in den Straßen Berlins erzählte. Und dennoch haben sie damals das Angebot von Verwandten abgelehnt, zu ihnen nach Australien zu ziehen. Meine Eltern hatten gerade eine moderne Wohnung mit großem Balkon im Grünen bezogen und mit schicken neuen Möbeln im Bauhausstil eingerichtet. Meine Mutter war schwanger. Sie lebten in ihrer privaten Idylle und erlaubten sich kein Wissen von der Gefahr, in der sie schwebten. Dann schlug die Politik zu, wurde zum Krieg und zerstörte mit ungeheurer Wucht und Geschwindigkeit die Idylle, die sie sich aufgebaut hatten. Zuerst wurde mein unpolitischer Vater zum Arbeitsdienst und dann zum Militär eingezogen. Er war gegen Krieg und Militär – so wie er gegen Politik war. Doch das nützte ihm nichts. Zu seinem Glück – wie er glaubte – kam er nicht an die Front, sondern musste, weil er schon relativ alt war, Kriegsgefangene bewachen. Das war ein leichter Dienst, meinte er wohl. Doch er geriet in die Hölle. Die Nazis hatten Polen und Russen zu »Untermenschen« erklärt und beschlossen, sie politisch, wirtschaftlich, kulturell und in großen Teilen auch physisch zu vernichten. Sie schufen Umstände, die den Tod vieler Millionen Menschen an Hunger und Seuchen unvermeidlich machten. Unter den polnischen und sowjetischen Kriegsgefangenen wurde diese mörderische Politik besonders radikal umgesetzt. Ihnen wurde entgegen der Genfer Konvention und im Unterschied zu den Gefangenen aus dem Westen das Minimum an Nahrung und Unterkunft verweigert, das zum Überleben notwendig gewesen wäre. Millionen von ihnen starben auf den Transporten und in den Lagern an Auszehrung und an ansteckenden Krankheiten wie Fleckfieber, Typhus, Ruhr.

Mein Vater muss meiner Mutter im Urlaub von den Schrecken in den Lagern erzählt haben. Denn sie, die bis dahin Unpolitische, wurde aufmüpfig und kritisch gerade da, wo es damals am gefährlichsten war. Sie sprach offen davon, dass die Niederlage unvermeidlich und die Rache verdient sei. Sie verweigerte den Gehorsam gegenüber dem Befehl, sich zusammen mit den anderen Frauen und Kindern aus Berlin vor dem Bombenkrieg nach Osten, in ehemaliges polnisches Gebiet evakuieren zu lassen. Sie sah das Unheil kommen. Statt ins besetzte Polen zog sie nach Schwaben zu ihrer Mutter und erhielt für ihren Ungehorsam kein Recht auf eigenen Wohnraum und eine reduzierte Versorgung mit Lebensmitteln.

Die gewonnene politische Weitsicht hat nur ihr geholfen. Mein Vater war in eine Maschinerie geraten, die ihn nicht mehr los ließ. Er hatte im Lager selbst Fleckfieber bekommen und überlebt. Dadurch hatte er eine Immunität erworben und konnte in den verseuchten Lagern eingesetzt werden. Er war unverzichtbar geworden. Man ließ ihn nicht gehen. Und so musste er bis zum Ende sowjetische Kriegsgefangene bewachen, zuletzt in Norwegen. Dort geriet er in britische Gefangenschaft und wurde nach Deutschland transportiert. Er stand schon zur Entlassung an, als die Politik ein weiteres Mal zuschlug. Die Alliierten hatten festgelegt, dass jede Siegermacht diejenigen deutschen Gefangenen bekommen sollte, die sie im Verdacht hatte, an ihren Staatsbürgern Kriegsverbrechen verübt zu haben.

Die Einheit, bei der mein Vater während des Krieges gedient hatte, stand auf einer solchen Liste. Sie wurde von der Sowjetunion beschuldigt, entgegen der Genfer Konvention geflohene Gefangene erschossen und sich damit eines Kriegsverbrechens schuldig gemacht zu haben. Die Sowjetunion selbst hatte während des Krieges die Existenz ihrer Staatsbürger in deutscher Gefangenschaft nicht anerkannt und keinen Gebrauch von der Genfer Konvention und der Hilfe des Roten Kreuzes gemacht, mit denen sie das Los dieser Menschen hätte erleichtern können. Nach dem Krieg sind alle überlebenden Zwangsarbeiter und Gefangenen von der Sowjetunion als Kollaborateure zu vielen Jahren Arbeitslager in Sibirien verurteilt worden. Es war also nicht das Bedürfnis, sich für das Los ihrer in deutsche Gefangenschaft geratenen Bürger zu rächen, was die Sowjetunion dazu motivierte, alle Wachmannschaften als Kriegsverbrecher anzuklagen. Es ging ihr vielmehr darum, möglichst viele Menschen – aus welchen Gründen auch immer – zur beinahe kostenlosen Arbeit in den Arbeitslagern zu zwingen.

So ist mein Vater aus einem britischen Entlassungslager an die Sowjetunion ausgeliefert worden und kam in das ehemalige KZ Sachsenhausen nördlich von Berlin. Die Sowjets nutzten damals überall in ihrem Herrschaftsgebiet ehemalige Lager, um angebliche und wirkliche Kriegsverbrecher und Nazigrößen, aber auch willkürlich Festgesetzte, Denunzierte und ihnen missliebige Demokraten zu internieren. Mitgefangene meines Vaters, die mit Glück oder wegen Arbeitsunfähigkeit dem Transport nach Sibirien entgangen sind, haben mir von Folterungen, Schlägen und Mangelernährung berichtet. Die Arbeitsfähigen wurden nach Sibirien in ein Arbeitslager gebracht, das an ein Kohlebergwerk angeschlossen war. Hunger, Vitaminmangel, Erfrierungen und Überarbeitung führten bei meinem Vater bald zu einem allgemeinen Erschöpfungszustand. Zähne und Haare waren ausgefallen, schwere Herzbeschwerden kamen hinzu. Er war zu nichts mehr zu gebrauchen. Zusammen mit anderen ähnlich verbrauchten Gefangenen sollte er nach Deutschland entlassen werden. Noch im Entlassungslager bei Moskau starb er an Erschöpfung. Das war in der Weihnachtszeit ein Jahr nach Ende des Krieges.

... und die Folgen für mich

Der Mann, mit dem er in der Nacht seines Todes auf der gleichen Pritsche gelegen hatte, brachte meiner Mutter die Todesnachricht. Sie, die zusammen mit ihrem Mann alles getan hatte, um der Politik aus dem Weg zu gehen, war von der Politik eingeholt worden und sie hatte ihr alles genommen. Ihr Mann war tot. Ihre schicke Etagenwohnung in Berlin war zerbombt. Die wenigen Möbel, die sie aus dem überschwemmten Keller hatte retten können, standen jetzt in der Wohnung ihrer Mutter, wo sie mit ihren drei Kindern – nun selbst wieder abhängig wie ein Kind – untergekommen war.

Der Krieg hatte sie politisiert. Das, was sie erleben musste, sollte ihr nicht noch einmal passieren. Sie würde sich einmischen. Sie würde alles tun, um einen weiteren Krieg zu verhindern. Jetzt wollte sie das Ihrige tun, um ihr Schicksal wenigstens zum Teil selbst zu bestimmen. Deshalb hörte sie mit solcher Leidenschaft und Parteilichkeit den Debatten über die Wiederbewaffnung Deutschlands zu und nahm uns Kinder mit zur öffentlichen Auszählung der Bürgermeisterwahl. So hatte sie für mich einen emotionalen Zugang zur Politik geschaffen, hatte mit ihrem Engagement ein Vorbild für eigenes Engagement gesetzt. An ihrem Beispiel konnte ich sehen, welche Folgen Politik haben kann, weshalb es überlebenswichtig sein konnte, sich einzumischen. Deshalb studierte ich Politische Wissenschaft und wollte Journalist werden. Ich landete stattdessen in der Wissenschaft, die ich bis heute betreibe.

In all den Jahren als Wissenschaftler habe ich gelernt, dass in der Politik vieles in Wirklichkeit ganz anders ist, als es in den Medien und in der Politik selbst dargestellt wird. Schulbücher, Medien und vor allem die Parteien und ihre Prominenz neigen dazu, ein idealisiertes Bild von der Demokratie zu zeichnen. Da geht es angeblich um Gemeinwohl. Da geht es angeblich um den Wählerwillen, um das, was das Volk will. Da werden hehre Prinzipien verkündet und angeblich verwirklicht.

In all den Jahren wissenschaftlicher Beschäftigung mit Politik habe ich auch gelernt, dass übersteigerte, idealisierte Erwartungen an die Politik das Gefährlichste ist, was in einer Demokratie passieren kann. Denn sie führen unweigerlich zur Enttäuschung. Solche übersteigerten und dann enttäuschten Erwartungen sind die häufigste Ursache für Desinteresse und Politikabstinenz. Oft führen sie zu autoritären rechts- oder linksradikalen Alternativen, weil diese der Enttäuschung noch größere Versprechungen entgegensetzen: Wenn wir erst die Macht haben, werden wir die klare und eindeutige radikale Lösung aller Probleme bringen.

Meine Jahre wissenschaftlicher Beschäftigung mit Politik haben mich zu einer sehr nüchternen Auffassung von Politik geführt, die ich hier gegen solche Idealisierungen und überhöhten Erwartungen an die Politik präsentieren und zur Erwägung stellen will.

Erstes Kapitel
Ein Engel namens Satan – oder:
Was ist die beste Gesellschaft?

Drei Jungen aus einem im Mittelalter steckengebliebenen Dorf in Österreich lernten eines Tages beim Spielen im Wald einen seltsamen Fremden kennen. Der wusste alles über sie, sogar was sie gerade dachten. Er konnte aus dem Nichts Gegenstände zaubern, an die sie nur gedacht hatten. Und er formte aus Lehm Eichhörnchen, die lebendig davonliefen, oder Vögel, die aus seiner Hand flogen. Fasziniert schauten ihm die Freunde zu. Schließlich traute sich einer von ihnen und fragte den geheimnisvollen Fremden, wer er sei. »Ein Engel«, antwortete der einfach.

Als die Jungen darauf vor Ehrfurcht erstarrten, löste sie der Engel aus ihrer Befangenheit, indem er ihnen eine kleine Welt erschuf und so ihre ganze Aufmerksamkeit von sich auf diese Welt ablenkte. Er formte aus Lehm Hunderte fingergroße menschliche Figuren, die, kaum auf den Boden gesetzt, lebendig wurden und zu arbeiten begannen. Sie räumten ein Stück Boden frei, rodeten das Gras wie einen Wald, wälzten Steinchen und schleppten Holzstücke und bauten daraus Häuser und Hütten. Dann formten sie aus Lehm winzige Ziegel, bauten Gerüste, zogen Mauern hoch und errichteten in der Mitte auf einer kleinen Anhöhe eine richtige kleine Burg mit Türmen, Wehrgängen und Zugbrücke. Gerade als einer der Jungen den Engel fragte, wie er denn heiße, rettete der eine der kleinen, lebendigen Figuren, die auf einem Gerüst hoch oben am Turm der Burg ausgerutscht war und sicher zu Tode gekommen wäre, hätte der Engel sie nicht aufgefangen. Darüber hätten sie beinahe seine Antwort überhört: »Satan«.

Als sie nun statt in Ehrfurcht in Entsetzen verfielen in dem Glauben, sie hätten den Teufel vor sich, beruhigte sie der Engel Satan und erklärte, der Teufel sei nur ein entfernter Onkel von ihm, nach dem er benannt worden sei. Aber im Gegensatz zu dem kenne er, der Engel Satan, keine Sünde und auch keinen Unterschied zwischen Gut und Böse. Während er das sagte, zerquetschte er zwischen seinen Fingern zwei der kleinen Figuren, die er geschaffen hatte. Sie waren in Streit geraten und hatten begonnen, aufeinander einzuschlagen. Und während er sich mit einem Taschentuch die blutigen Finger abwischte, sagte er: »Die Moral ist die größte Strafe für die Menschheit.«

Das ist der Anfang einer bitterbösen Geschichte von Mark Twain mit dem Titel: ›Der geheimnisvolle Fremde‹. Mark Twain, der amerikanische Schriftsteller des 19. Jahrhunderts, hat im deutschen Sprachraum für seine Romane ›Tom Sawyers Abenteuer‹ und ›Huckleberry Finn‹ den Ruf eines harmlos-humoristischen Jugendschriftstellers. Tatsächlich ist er ein zynischer Freigeist gewesen, der mit scharfer Ironie die Scheinheiligkeiten und Aufgeblasenheiten seiner Zeit entlarvte und der Lächerlichkeit preisgab. Eine dieser zynischen Entlarvungen ist ›Der geheimnisvolle Fremde‹.

Uns soll der Engel Satan dazu dienen, unsere Fantasie freizusetzen und uns von vorgefassten Vorstellungen und Erwartungen zu lösen. Zusammen mit dem Engel Satan, der keine Moral und kein Gut und Böse kennt und der aus Lehm ganze Gesellschaften formen und wieder in Lehm zurückverwandeln kann, wollen wir selbst in Gedanken einige Gesellschaften bauen und an ihnen ausprobieren, was die beste Gesellschaft ist. Denn die Konstruktion einer solchen Gesellschaft wäre sicherlich ein gutes Ziel für Politik.

Als erstes Kriterium zur Beurteilung der von uns erschaffenen Fantasiewelten soll uns ganz unmoralisch ihr Erfolg dienen. Um den zu testen, lassen wir jede Gesellschaft einige Generationen lang laufen und schauen zu, ob sie blüht und gedeiht oder ob sie droht unterzugehen. Das ist das gleiche Kriterium, das Geschichte und Natur auf ihre Schöpfungen anwenden. Was verschwindet, mag noch so moralisch gut und schön gewesen sein. Es hat sich selbst durch seinen Untergang als erfolgreiches, überlebensfähiges Gebilde widerlegt.

Als zweites Kriterium soll uns ein von dem amerikanischen Philosophen John Rawls entwickeltes Maß für die Gerechtigkeit einer Gesellschaft dienen: Der Schleier des Unwissens. Eine Gesellschaft soll dann als gerecht gelten, wenn man ihre Regeln auch dann akzeptieren kann, wenn man nicht weiß, welche Stellung man in ihr einnehmen wird, wenn man sie also in jeder Position – ob arm oder reich, behindert oder genial, schön oder hässlich, alt oder jung – erträglich finden kann. Das ist das am wenigsten moralische und inhaltlich festgelegte Gerechtigkeitsprinzip und dürfte demnach gut zu unserem Engel Satan passen.

Die erste Welt des Engels Satan:
Die selbstlose Gesellschaft

Auf die Frage nach der idealen Gesellschaft haben die meisten Menschen eine schnelle Antwort: Es ist die selbstlose Gesellschaft. Es ist ein in sich stimmiger, einiger Organismus, in dem die Menschen nicht egoistisch sind, sondern sich selbstlos, altruistisch, für die anderen und das Ganze einsetzen. Alle begeistern sich für das gemeinsame Gut und stellen ihre Einzelinteressen dahinter zurück. Das Gerechtigkeitskriterium vom Schleier der Unwissenheit über die Position, die man in der Gesellschaft innehat, wäre erfüllt. Denn überall herrscht die gleiche Regel: sich selbstlos mit allen Kräften für das gemeinsame Wohl einzusetzen. Wenn dadurch das Ganze ein Optimum erreicht, ist damit für jedes Mitglied der Gesellschaft in jeder Position optimal gesorgt.

Mit dieser Bedeutung ist das Wort Gesellschaft in unsere Sprache gekommen. Vor der Französischen Revolution 1789 hieß das, was wir heute Gesellschaft nennen, Land, Königreich, Fürstentum oder unter den Gebildeten lateinisch *res publica* (die öffentliche Sache). Auch das uns selbstverständlich gewordene Wort »Individuum« war damals genauso ungebräuchlich wie das Wort »Staatsbürger«. Die Menschen galten nicht als einzelne Personen mit gleichen Rechten und gleicher Würde, sondern als Inhaber bestimmter Positionen. Man war nicht Mensch, sondern Fürst, Priester, Nonne, Meister, Geselle, Bäuerin, Magd oder Knecht. In der vorrevolutionären, ständischen Gesellschaft waren deshalb allgemeine, für alle Menschen gleiche Rechte undenkbar. Jede Position hatte ihre eigenen Pflichten und Rechte. Der König hatte andere Pflichten als der Papst, der Bauer oder der Handelsknecht und hatte darum auch andere Rechte. Der König musste regieren und das ganze Land vor Schaden bewahren und hatte darum beinahe unbegrenzte Rechte. Der Bauer musste Nahrungsmittel abliefern, für den Herrn arbeiten und Kriegsdienste leisten und hatte dafür das Recht auf Schutz durch seinen Herrn und auf einen Teil der Erträge des ihm überlassenen Landes.

In dieser ständischen Struktur schuf das Geld erst die Voraussetzungen für die Vergleichbarkeit des Unvergleichlichen. Geld gilt immer gleich, egal ob es vom König oder Bettler kommt. Für das Geld hat alles seinen Preis, gleichgültig ob es sich bei der Ware um Butter, Stoff, Land oder Vieh handelt. Das Geld machte alles gleich und ermöglichte erst eine Denkweise, in der auch die offensichtlich sehr verschiedenen Menschen in wundersamer Weise als Gleiche gesehen werden konnten, als Staatsbürger mit gleichen Rechten. Diese uns heute geläufige Denkweise vom abstrakten, gleichwertigen Menschen, dem »Individuum«, war damals revolutionäres Gedankengut.

Mit der amerikanischen Unabhängigkeitserklärung und der Französischen Revolution setzte sich diese Denkweise durch. Mit Napoleon verbreitete sie sich auch über ganz Europa. Das »Individuum« war entdeckt. Es sollte das Recht auf Selbstverwirklichung, auf freie Entfaltung haben, solange es andere nicht an der Ausübung des gleichen Rechtes hinderte. Die US-amerikanische Unabhängigkeitserklärung hatte sogar das Recht jedes Einzelnen auf das Streben nach Glückseligkeit (»Pursuit of Happiness«) verkündet.

Solche revolutionäre Gleichmacherei bedeutete einen herben Verlust für den Adel. Aus seiner Sicht bedeutete der revolutionäre Individualismus Niedergang und Zerfall der gottgegebenen Ordnung und Kultur. Mit der Überbetonung der Rechte des Individuums waren für die Adligen das wertvolle Wissen um die Pflichten gegenüber dem Ganzen und um die rechte Ordnung des Ganzen dem Untergang geweiht. Gegen diese Gefahr setzten sie den Begriff »Gesellschaft«. In ihm steckte das Wort »gesellen« – ein altertümlicher Ausdruck für den Zusammenschluss vieler Menschen zu einem gemeinsamen Zweck – und so eignete es sich perfekt als Polemik gegen den Individualismus und Egoismus der Revolutionäre. Im Wort Gesellschaft kommt also schon das Bild von der selbstlosen Gesellschaft als Ideal zum Vorschein.

Wenn wir dieser ursprünglichen Bedeutung des Wortes Gesellschaft gerecht werden wollen, müssen wir den Engel Satan als erstes eine solche selbstlose Gesellschaft bauen lassen. Zum Engel würde sie auch passen. Sie wäre eine wahrhaft engelsgemäße Gesellschaft.

Beispiele für die selbstlose Gesellschaft

Damit der Altruismus, die Aufopferung der Eigeninteressen für andere, überhaupt Sinn macht, müssten wir an die Spitze der Gesellschaft die besten Denker setzen. Sie hätten nämlich mit ihrer Weisheit den Zugang zur Wahrheit. Mit dem Wissen um die Wahrheit könnten sie dann die richtige Politik machen. In der selbstlosen Gesellschaft wäre Politik dann eine saubere Sache, da von den fähigsten Personen in Kenntnis der Wahrheit entworfen und unter Einsatz aller Kräfte von allen betrieben.

Viele – insbesondere junge Menschen – werden sagen: Wenn Politik so wäre, könnte auch ich mich dafür begeistern. Sie würde für die Zukunft den richtigen Weg einschlagen und für die Gegenwart Gerechtigkeit und Sicherheit bieten.

Das Konzept ist so einleuchtend und überzeugend, dass es in der Menschheitsgeschichte immer wieder angestrebt und als Gedankenbild von Philosophen und Religionsgründern entworfen worden ist.

DIE ANTIKE Schon die ältesten gesellschaftlichen Gebilde, das Reich der Pharaonen im heutige Ägypten und die Hindu-Gesellschaften am Indus, versuchten dieses Ideal zu erreichen. Im antiken Ägypten konnten die Priester die Überschwemmungen vorhersagen und die Pharaonen die Verteidigung des Landes gegen Eindringlinge organisieren, während die Bevölkerung für die Produktion des Lebensnotwendigen sorgte. Alles und jeder hatte seinen sinnvollen Platz.

Vom antiken Rom kennen die meisten aus dem Schulunterricht das klassische Bild der organischen, selbstlosen Gesellschaft: Sie sei wie ein menschlicher Körper. Die Eliten seien wie der Kopf, der alles zum Besten aller dirigiere, der aber ohne Bauch (Bauern), Beine (Transport und Handel) und Arme (Krieger und Handwerker) nicht überleben könne. So habe alles seine Funktion und seinen Platz und funktioniere zum Besten aller.

In Indien bestimmen bis heute solche Vorstellungen als ererbte Status- und Berufsgruppen das Leben der gläubigen Hindus. Als die Kastengesellschaft entstand, galten jedoch andere Regeln als heute. Niemand sollte damals dauerhaftes Eigentum haben. Alle sollten das tun, was sie am besten konnten, und zwar im Namen des Ganzen.

Dazu sollten sie aus dem Gemeineigentum die Mittel erhalten, die sie benötigten. Die höchste Kaste sollte aus den besten Köpfen der Gesellschaft bestehen und Vorbild für alle anderen sein. Sie sollte in ihrer Weisheit die Gesellschaft zum Besten des Ganzen leiten. Die anderen sollten ihrem Rat folgen und sich dem allgemeinen Besten unterordnen: Die Krieger das Land verteidigen, die Bauern das Land bestellen, die Handwerker die Dinge des Lebens herstellen, die Händler sie über das Land verteilen und die Diener sollten dienen und all die Tätigkeiten ausüben, die übrig blieben. Erst als diese Positionen durch Geburt festgelegt waren und als angebliche Belohnung und Strafe für die Taten im vorherigen Leben für unveränderlich und heilig ausgegeben wurden, verwandelte sich die selbstlose Kastenordnung in ein Mittel zum Ausschluss und zur Unterdrückung.

Auch im antiken Griechenland gab es solche Vorstellungen von Gesellschaft, die dem Bild eines einzigen Organismus folgten. Platon etwa empfahl, die Gesellschaft durch den besten Philosophen leiten zu lassen. Alle anderen sollten sich freiwillig seiner Diktatur unterwerfen. Die sei der Herrschaft des Gesetzes überlegen. Während das Gesetz alle Fälle gleich behandeln müsse, könne der Philosoph erkennen, wenn jemand aus guten Gründen gegen das Gesetz verstößt. Der Philosoph könne so gerechter sein als das Gesetz und gerechter als die Demokratie, die Herrschaft des Volkes, allemal, da diesem der Zugang zur Wahrheit verschlossen sei.

DIE FRANZÖSISCHE REVOLUTION   In der Zeit vor der Französischen Revolution entwickelte der Philosoph Jean Jacques Rousseau unter dem Einfluss der aufkommenden Idee von der Gleichheit eine interessante Variante zum Philosophenstaat Platons. Statt eines Einzigen sollten alle gemeinsam die Weisheit vertreten. Dazu sollten alle verheirateten Männer – nur die galten als Bürger – exakt gleich viel Land und Vieh besitzen und völlig unabhängig voneinander leben. So sollte jeder Interessenkonflikt vermieden werden. Alle würden die gleichen Interessen haben. Dann würde ihr Denken nicht mehr durch Sonderinteressen bestimmt und ihr Wille würde immer automatisch das Gemeinwohl (»volonté générale«) ausdrücken. Unausweichlich käme das Beste für das Ganze heraus.

In den meisten Köpfen bestimmt diese Vorstellung von der Gesellschaft als stimmigem Organismus, der deshalb von seinen Gliedern selbstlose Unterwerfung unter das gemeinsame Beste verlangen kann, auch heute noch das innere Bild, das sich die Menschen von der Gesellschaft machen. Immerhin hat die hierarchisch geordnete Ständegesellschaft unter der Führung einer Elite über Jahrhunderte Bestand gehabt. Sie scheint also das erste Gütekriterium, die Überlebensfähigkeit, recht gut zu erfüllen. Wenn sie zum Besten aller funktioniert, erfüllt sie auch das zweite Gütekriterium, die Gerechtigkeit, dass nämlich alle in jeder Position der Gesellschaft die Regeln akzeptieren können.

Ob nach dem Kastensystem der Hindus, der Philosophendiktatur Platons oder der »volonté generale« Rousseaus – allen gemeinsam ist die Vorstellung, man müsse die Gesellschaft zu einem Organismus formen, in dem es keine Sonderinteressen gebe. Allen gemeinsam ist die Vorstellung, man müsse der Gesellschaft nur einen idealen, gemeinsamen Zweck setzen, und die Gesellschaft wäre auf bestem Kurs und könne allen Gefahren trotzen.

Nehmen wir an, der Engel Satan, der kein Gut und Böse kennt und darum völlig unvoreingenommen ist, habe eine solche Gesellschaft gebaut und ließe sie Probelauf nach Probelauf, Generation nach Generation vor sich hin funktionieren. Was kommt dabei heraus?

Von den Nachteilen der selbstlosen Gesellschaft

DAS PROBLEM DER ELITENAUSWAHL   Das zentrale Problem der selbstlosen, hierarchischen Gesellschaft hat Platon, der Erfinder des Philosophenstaats, selbst schon benannt: Im Bienenkorb ist die Königin leicht zu erkennen, auch in einer Herde von Schafen ist der menschliche Hirte deutlich von den Tieren zu unterscheiden. Aber wie erkennt man den Philosophen, einen Menschen unter anderen Menschen? Jede Gruppe in der Gesellschaft kann einen anderen Menschen als den Philosophen präsentieren, und schon wäre der Streit gegeben, den die selbstlose Gesellschaft als organische Gesellschaft ja gerade vermeiden soll.

So kommt es immer wieder, dass manche diesen und andere jenen für die am besten geeignete Person halten. Und immer wieder halten die einen die eine Position und die anderen die andere Position für die weiseste Entscheidung. Und schon hat man das, was die Konstruktion der Gesellschaft vermeiden wollte: Der häufig beklagte, verwirrende, von Egoismen, Rechthaberei und Streit geprägte Zustand sich bekämpfender Parteien, von denen jede behauptet, nur sie habe Recht und nur ihr Kandidat sei der Beste. Wir haben normale Politik.

Immer wieder zeigen sich in solchen Gesellschaften die gleichen Probleme. Zuerst: Wie erkennt man den Besten der Besten, wie identifiziert man den großen Philosophen, den »richtigen« Ersten Sekretär des Zentralkomitees, den »guten Fürsten«, den richtigen »Führer«, für den es sich lohnt, die eigenen Interessen zu opfern? Dann: Es zeigt sich immer wieder, dass Menschen auch bei größter materieller Gleichheit, auch ohne Privateigentum an Produktionsmitteln, unterschiedliche Interessen und Sichtweisen haben und sich nicht einig sind, was das Beste für die Gesellschaft ist.

DAS PROBLEM DER INFORMATIONSAUSWAHL   Selbst wenn es gelänge, die Besten der Besten an die Spitze der Gesellschaft zu bringen, käme bald ein weiteres chronisches Problem solcher selbstlosen Gesellschaften zum Tragen: Diejenigen oben sind auf die Informationen derjenigen unten angewiesen. Denn die oben sind von der Wirklichkeit abgeschnitten. Sie haben keinen unmittelbaren Zugang mehr zu ihr. Wie eine Isolierschicht steht zwischen ihnen und der Wirklichkeit die Schicht der Diener und Handlanger, der Ausführer ihrer Befehle und Berichterstatter über die Folgen.

Der Philosoph Hegel hat das am Beispiel Herr und Knecht beschrieben: Weil der Herr nur über den Knecht die Welt erfährt, kann er sich einer sich verändernden Welt nur soweit anpassen, wie ihm der Knecht diese Veränderungen vermittelt. Der Herr behauptet aber von sich, er sei im Besitz der Weisheit, er wisse besser als der Knecht, wie die Wirklichkeit gestaltet ist. Er kann wegen seiner behaupteten Überlegenheit nicht zulassen, vom Knecht belehrt zu werden. Er sperrt sich gegen die Informationen des Knechtes und macht sich damit dumm. Der Knecht dagegen lernt dazu. Er muss sich anpassen an die Veränderungen der Wirklichkeit. So wird er bald der Fähigere und Wirklichkeitstüchtigere von beiden und merkt, dass ihn der Herr in die Irre führt. Will er in der veränderten Wirklichkeit bestehen, muss der Knecht den Herrn stürzen und sich selbst zum Herrn machen.

Und dann geht – laut Hegel – die Geschichte, die er Dialektik nannte, wieder von vorne los.

Der Herr, der diese Gefahr ahnt, muss demnach im Namen der organischen Gesellschaft und seiner überlegenen Weisheit darauf bestehen, dass er der Beste ist und dass sich der Knecht der besseren Einsicht des Herrn unterwirft. Und schon sind wir bei einer irrationalen Diktatur angelangt, dem Gegenteil dessen, was die selbstlose Gesellschaft anstrebt.

Ist die Diktatur einmal installiert, verschärft sich das Problem: Die Unterdrückten, die Unterworfenen und Untertanen trauen sich nicht mehr, dem Diktator Informationen zu übermitteln, die dessen Missfallen erregen könnten, denn das könnte tödlich sein. Die Diktatoren sorgen so selbst dafür, dass sie systematisch belogen werden und sich zunehmend in einer Scheinwelt, in den sagenhaften Potemkinschen Dörfern, bewegen. Die Untertanen leben in einer wirklichen Welt, die sich immer radikaler von der Scheinwelt der Herrschenden unterscheidet. Die Untertanen wissen, dass sie für jedes Misslingen der Diktatur, für jedes Scheitern einer der großen Pläne ihres Diktators nicht nur die Zeche zahlen, sondern auch noch die Strafe ertragen müssen. Deshalb entwickeln sie zunehmend ihre eigene, geheime Art, Befehle von oben auszuführen. Die oben erfahren nicht nur immer weniger über die Wirklichkeit, sie verlieren auch immer mehr die Fähigkeit die Gesellschaft zu steuern. Denn die unten machen aus Selbstschutz etwas ganz anderes als ihnen befohlen worden ist. Sie gehorchen zum Schein, sorgen aber in Wirklichkeit für sich selbst.

Hin und wieder wird einer der Untertanen erwischt und bestraft. Das ist schlimm. Sie haben aber gelernt, dass es für sie noch schlimmer kommt, wenn sie das tun, was ihnen befohlen wird. So entwickeln sich alle diese selbstlosen Gesellschaften bald zu seltsamen Gebilden: oben eine Diktatur der Eliten, unfähig die Veränderungen der Wirklichkeit wahrzunehmen, und unten ein geplagtes Volk, das gelernt hat zu lügen und sich selbstständig durchzuwurschteln. Die ursprünglich ideal konzipierte Gesellschaft verwandelt sich in ihr Gegenteil: eine verlogene und schizophrene Diktatur.

ZWEI BEISPIELE AUS DEM 20. JAHRHUNDERT: NATIONALSOZIALISMUS
UND STALINISMUS   Erst richtig durchgesetzt hat sich das Modell
von der selbstlosen Gesellschaft im 20. Jahrhundert mit dem Auf-
kommen der großen Ideologien. Dann hat es gleich zwei große Katastrophen erzeugt: den Stalinismus und den Nationalsozialismus.

Wie im Körper sollte bei den Nazis jedes Glied der Gesellschaft in seiner speziellen Funktion mit den anderen Gliedern zusammenwirken
und harmonieren. Nach dem lateinischen Wort für Körper, »corpus«,
nannte sich die Idee »Korporatismus«. Die unterschiedlichen Funk-
tionsträger der Gesellschaft, die Unternehmer, die Arbeiter, die Ärzte,
die Bauern etc. sollten sich in Körperschaften organisieren und unter
der Leitung der allwissenden Partei des »Führers« zum Besten des
Volkes wirken. Und wie bei einem wirklichen Körper sollten Schad-
stoffe, Wucherungen und infektiöse Eindringlinge identifiziert und
ausgemerzt werden.

Hitler und seine »alten Kämpfer« hatten sich ein zu ihrer Zeit weit
verbreitetes populärwissenschaftliches Weltbild angelesen, wonach
das Wohl und Wehe der Menschheit von den angeborenen Fähigkeiten, den Genen der Menschen abhänge. So war es noch zur Jahrhun-
dertwende vom 19. ins 20. Jahrhundert allgemeine Anschauung auch
in der Wissenschaft, dass Kriminalität genauso wie Armut ein Ergebnis der Vererbung sei. Traf man doch Armut und Kriminalität nach-
weisbar häufiger bei Kindern von Armen und Kriminellen an. Wie in
der Tierwelt gebe es auch unter Menschen gute und schlechte Rassen.
Zwischen ihnen herrsche genauso ein Kampf ums Überleben wie in
der tierischen Natur. Und wie dort setze sich auch in der Gesellschaft
nur die stärkste und genetisch beste Rasse durch. Das war im Verständnis der Nazis die »germanische«, während die »jüdische« als besonders schlecht galt. Darum schien es im Überlebenskampf nicht
nur gerechtfertigt, sondern unverzichtbar, der gegenwärtigen Generation Selbstlosigkeit und schwerste Opfer abzuverlangen für das zukünftige Glück aller. Die Gene müssten durch kluge Zuchtwahl ver-
bessert und alle schlechten Eigenschaften durch Sterilisierung und
Ausrottung eliminiert werden.

Nach ihrem Selbstverständnis waren die Nazis selbstlose Idealis-
ten. Denn sie begingen – nach ihren Angaben – all ihre Morde und

Untaten nicht aus Freude am Quälen, sondern – wie sie meinten – zum Wohle der zukünftigen Menschheit. Heinrich Himmler, der Chef der SS, hielt am 4. Oktober 1943, mitten im Krieg, bei einem SS-Führertreffen in Posen eine Rede. In ihr wird die ganze Monstrosität dieses Idealismus auf den Punkt gebracht: Auf seinen Befehl hatte die SS viele Hunderttausende Juden umgebracht. Sie hatten sie in Synagogen getrieben und diese angezündet, hatten sie auf offenen Plätzen erschlagen, hatten sie in Wälder getrieben, sie gezwungen, ihre eigenen Gräber auszuheben, sich auf bereits Ermordete zu legen und sie dann erschossen. Zur Zeit der Rede hatte die SS gerade mit dem systematischen Vergasen begonnen.

Himmler sprach in seiner Rede offen von der »Ausrottung des jüdischen Volkes«. Und: »Von euch werden die meisten wissen, was es heißt, wenn hundert Leichen beisammenliegen, wenn 500 daliegen, oder wenn 1000 daliegen. Und das durchgehalten zu haben und dabei, abgesehen von menschlichen Ausnahmeschwächen, anständig geblieben zu sein, hat uns hart gemacht und ist ein niemals genanntes und niemals zu nennendes Ruhmesblatt.« Denn – so seine Logik – sie hätten die Reinheit der zukünftigen Rasse und damit die Zukunft der Menschheit gegen den drohenden Untergang verteidigt. Ihre »Wahrheit« rechtfertigte in der Sicht der Nazis ihr entschlossenes und konsequentes Handeln ohne »falsche Sentimentalitäten«, wie sie Mitleid und Mitmenschlichkeit nannten.

Heute hat die Entschlüsselung des menschlichen Genoms gezeigt, dass es bei Menschen keine Rassen gibt. Die genetischen Prägungen, auf die jene wenigen sichtbaren Unterschiede zurückzuführen sind, aus denen die Zugehörigkeit zu einer bestimmten »Rasse« abgeleitet wird, etwa die Hautpigmentierung, die Augenstellung, die Form der Nase oder Ähnliches, machen nur einen winzigen Bruchteil der Gesamtinformationen aus, die eine Person zu der machen, die sie ist. Die genetischen Unterschiede sogar zwischen Geschwistern sind millionenfach größer als die Summe der genetischen Informationen, die alle Angehörigen einer »Rasse« von denen einer anderen unterscheiden.

Rassismus ist so dumm, wie wenn man die Nahrungsmittel nach ihrer Farbe einteilen wollte: Rote Grütze, Paprika, Erdbeeren, Rote Beete, Rotwein und Rotkohl in eine »Essensrasse« und Weißwein,

Weißkohl, Milch, Quark, Rettich, Vanilleeis, Hühnerbrust und Meerrettich in eine andere und dann sagen würde, »weiße Nahrungsmittel sind den roten überlegen« und darüber den Unterschied zwischen Meerrettich und Vanilleeis vergessen würde. Genauso absurd wie diese Betrachtung der Lebensmittel nur nach ihrer Farbe ist die Unterscheidung der Menschen nach ihrer Hautfarbe, Nasen- oder Augenform in »Rassen«.

Der Grund, dass es auch heute noch Anhänger der Lehre von der unterschiedlichen Wertigkeit von »Rassen« gibt, liegt also nicht an den wissenschaftlich überprüfbaren Gegebenheiten der genetischen Zusammensetzung des Menschen, sondern an den Bedürfnissen der Rassisten. Sie brauchen etwas, um ihr Bedrohungsgefühl zu erklären oder um sich anderen gegenüber überlegen zu fühlen.

Zur Zeit des Nationalsozialismus war der unsinnige Glaube an den Rassismus so weit verbreitet, dass für viele Menschen die Machbarkeit einer idealen Zukunft der Menschheit durch Zuchtauswahl einleuchtend schien. Zugleich erfüllte auch damals der Rassismus das weit verbreitete Bedürfnis, sich überlegen zu fühlen und andere – irgendwelche möglichst fremde andere – als gefährlich und absurderweise gleichzeitig unterlegen hassen zu dürfen. Hitler hat solchem Hass Legitimität gegeben, ihn für zulässig, ja fortschrittlich erklärt. Nur so ist verständlich, dass Hitler so viel Zustimmung fand. Sein Glaube an die Wahrheit einer zukünftigen und besseren Welt der Rassenreinheit war damals Allgemeingut und hat seiner Diktatur Legitimität und den Anschein von Selbstlosigkeit gegeben. Tatsächlich war er in der Falle der angeblich selbstlosen Gesellschaft gefangen: Im Namen des Kampfes gegen alle Sonderinteressen wurde ein Sonderinteresse, das der Nazibonzen, zum Gemeinwohl erkärt. Und weil er meinte, die Wahrheit zu wissen, verlor er immer mehr den Kontakt zur Wirklichkeit, vernichtete alle, die ihm widersprachen, und scheiterte so katastrophal wie jämmerlich.

Mit einem ganz anderen Inhalt, einer anderen Begründung und völlig entgegengesetztem Ziel glaubten sich auch Lenin, Trotzki, Stalin und seine Zeitgenossen im Besitz der Wahrheit. Nur meinten sie die Welt nicht durch Zuchtwahl gestalten zu müssen, sondern durch die Veränderung der Produktions- und Eigentumsverhältnisse. Aus den

Schriften von Karl Marx hatten sie gelernt, dass das Privateigentum an Produktionsmitteln und die Arbeitsteilung den Niedergang der Menschheit, die Wirtschaftskrisen und die Unterdrückung des Großteils der Menschheit durch eine kleine Minderheit verursache. Deshalb schien es ihnen mehr als gerechtfertigt, die Macht dieser Minderheit zu brechen und sie durch eine Diktatur der Mehrheit über die Minderheit zu ersetzen. Auch für sie galt der Einzelne nichts. Auch für sie war Mitleid eine gefährliche Schwäche angesichts der welthistorischen Möglichkeit, die Menschheit insgesamt zu retten. »Sozialismus oder die Barbarei« lautete damals die Alternative angesichts der Grauen des Ersten Weltkrieges und der Ausbreitung des Faschismus. Die gerade lebende Generation konnte und musste geopfert werden für eine greifbar nahe ideale Zukunft der Menschheit insgesamt. Der Kommunismus stellte sich als die angeblich selbstlose Gesellschaft in Reinform dar.

Nur so ist verständlich, dass sich Kommunisten bereitwillig in die Lager transportieren und zu Tode ausbeuten ließen und dabei immer noch Stalins Lob sangen und meinten, dies alles geschehe ohne sein Wissen. Nur so ist verständlich, dass die Opfer der großen Schauprozesse sich selbst bezichtigten und auch ohne Folter Geständnisse auf sich nahmen, die völlig absurd waren. Ihnen leuchtete ein, dass sie sich zum Wohl des »Großen Ganzen« zu opfern hatten. Die kommunistischen Führer führten ein Leben, das sich nur wenig von dem der einfachen »Genossen« unterschied. Es gab kein Privateigentum an Produktionsmitteln – also angeblich wie bei Rousseau keine Privat- und Sonderinteressen. Damit schienen die Klassen abgeschafft, das Ende des Klassenkampfes erreicht. Alle sollten die gleichen Interessen haben. Es galt nur noch, die Fähigsten zur Führung der Gesellschaft auszuwählen. Und da nur die Besten geeignet sind, Fähigkeiten zu erkennen, sollten sie auch diejenigen auswählen, die zu ihnen gehörten. Die Wahl erfolgte von oben nach unten. Die höhere Einheit bestimmte, wer gewählt werden sollte, und die untere Einheit vollzog diese Wahl. Man nannte das »demokratischen Zentralismus«.

Die Besten der Besten würden das Zentralkomitee bilden, das aus seinen Reihen wiederum den Besten als Sekretär wählte. Dem ZK und seinem Sekretär würde durch die Partei und die staatlichen Organisationen das beste Wissen aus allen Teilen des Landes zugetragen. Dann könnten die weisesten Entscheidungen getroffen und ein Plan entworfen werden, der zum Besten aller dienen würde. Keine Privatinteressen, kein Egoismus, kein Individualismus sollte das Funktionieren und Blühen des Ganzen stören.

Tatsächlich traten in den Jahren der Herrschaft des Kommunismus die Probleme der selbstlosen Gesellschaft in ihrer ganzen tödlichen Schärfe hervor. Die Untaten Stalins waren sicher durch seine Persönlichkeit bedingte Exzesse, die sich nicht mit zwingender Notwendigkeit aus der Dynamik der selbstlosen Gesellschaft ergeben. Doch die sich zuspitzende Notwendigkeit des Einsatzes immer brutalerer Unterdrückungsmittel zur Sicherung der Macht einer immer kleiner werdenden Minderheit ist typisch für die sich als selbstlos gebende Gesellschaft. Die Herrschaft der Wahrheit wurde zum Terrorismus der Partei und ihrer Geheimdienste gegen jede wirkliche oder angenommene Abweichung insbesondere innerhalb der Partei. Die selbstlose Herrschaft der Mehrheit über die Minderheit wurde zur totalitären Machtausübung des inneren Zirkels der Macht über den Rest der Bevölkerung. Die Herrschaft der selbstlosen Vernunft wurde zur Willkür der Machtinhaber, die sich nicht mehr dem Gesetz unterworfen sahen, sondern auf Eingaben nach eigener, parteilicher Vernunft entschieden. Der freie, vernünftige Informationsfluss, Voraussetzung für die Herrschaft der Vernunft, verkehrte sich in die Scheinwelt der Herrschenden, für die die Häuserfassaden entlang ihrer Fahrstrecken hergerichtet wurden, und in die wirkliche Tristesse der Beherrschten, die in den verfallenden Häusern lebten.

Das Fazit zur selbstlosen Gesellschaft

Als meine Eltern in die Mühlen der Nazipolitik gerieten, waren sie nur zwei von vielen Millionen Opfern eines Wahrheitsglaubens, einer Opferung der Menschen für ein für wahr gehaltenes zukünftiges Paradies. Sie sind genauso wie all die anderen als vernachlässigbare Größen benutzt worden, zu einem menschlichen Zement verrührt und als Baumaterial einer neuen Welt verarbeitet worden, meine Mutter als Kindergebärerin, mein Vater als Kriegshelfer und Arbeitssklave. Ihr eigenes Wohlergehen und Empfinden, ihr eigener

Wille spielte dabei keine Rolle. Sie hatten sich als Einzelne selbstlos der Wahrheitsgewissheit zu unterwerfen.

Die selbstlose, einer angeblichen Wahrheit verpflichtete Gesellschaft, die hier zuerst als die einzige vernünftige Konstruktionsweise für eine Gesellschaft erschien, als erstrebenswerte Alternative zu dem, was wir tagtäglich an Politik erfahren, stellt sich nun nach einer genaueren Betrachtung als der schnellste Weg zur totalitären Gesellschaft dar.

Welche andere Möglichkeit hat der Engel namens Satan, der kein Gut und Böse kennt, Gesellschaft zu konstruieren? Die altruistische Möglichkeit, in der sich die Gesellschaftsglieder einem zentralen Prinzip unterordnen und sich für dieses aufopfern, hat nicht das gehalten, was sie versprach. Dann liegt es nahe, das Gegenteil zu probieren: Die egoistische Variante.

Die zweite Welt des Engels Satan: Die egoistische Gesellschaft

Die egoistische Gesellschaft besteht aus lauter unabhängigen Untereinheiten, Individuen, Familien, Unternehmen, die nur das eigene Überleben und den eigenen Erfolg im Kopf haben und sich um die anderen nur so weit scheren, wie es ihrem eigenen Vorteil dient. Es ist das Gegenteil von dem, was uns allen als das Gute gelehrt worden ist. Das ist der Vorteil beim Engel Satan, dass er keine Sünde und darum auch den Unterschied zwischen Gut und Böse nicht kennt. Mit ihm kann man vorbehaltlos jede Gesellschaft konstruieren.

Adam Smith wird heute als der Prophet der egoistischen Gesellschaft gehandelt. 1794 schrieb er in England ein Buch über die Ursachen für den Reichtum der Nationen. Darin steht auch viel über Gemeinwohl und Versorgung der Armen und Gerechtigkeit. Doch wie häufig bei großen Theoretikern wurde auch er für etwas berühmt, was gar nicht sein zentrales Anliegen war. Heute wird er als der Hausheilige der schrankenlosen Marktwirtschaft gefeiert, die gegenwärtig als Theorie des Neoliberalismus die Welt dominiert.

Die Konstruktion der egoistischen Gesellschaft

Der Grundgedanke der egoistischen Gesellschaft ist einfach: Wenn jede Einheit der Gesellschaft für sich ihr Wohlergehen steigert, geht es auch der Gesamtheit besser. Es gilt das Prinzip: Rette sich wer kann. Jede Einheit sorgt für ihr eigenes Wohlergehen. Jede Einheit weiß für sich selbst am besten, was gut für sie ist. Das Herr-und-Knecht-Problem der selbstlosen Gesellschaft stellt sich nicht, denn jede Einheit ist ihr eigener Herr und Knecht zugleich. Alle Veränderungen der Wirklichkeit werden von denjenigen wahrgenommen, die sie angehen, und sie reagieren darauf in der für sie besten Weise. Jede zentrale Steuerung wäre in der Sicht der egoistischen Gesellschaft ein völlig unnötiger und potenziell schädlicher Umweg.

Jede Einheit spezialisiert sich stattdessen selbstständig auf das, was sie am besten kann. Eine solche Arbeitsteilung führt zur optimalen Steigerung der Produktion und verschafft den Produzenten die besten Chancen für einen gewinnbringenden Austausch. Im Endeffekt – so die Theorie – erreicht die egoistische Gesellschaft auf diesem Weg viel effektiver und zuverlässiger das Ziel, das zu erreichen die selbstlose Gesellschaft für sich beansprucht: das Beste für alle. In der klassisch gewordenen Formulierung von Adam Smith: Wie in einer durch eine unsichtbare Hand prästabilisierten (vorher programmierten) Harmonie produziert der Eigennutz den größten Nutzen für die größte Zahl.

Der Engel Satan müsste unsere kleine Modellgesellschaft so bauen, dass jedes ihrer Mitglieder einen eigenen Willen und vor allem das eigene Überleben im Kopf hat. Eine solche Ansammlung von Egoisten mit recht unterschiedlichen Interessen hätte nämlich einen weiteren Vorteil gegenüber der selbstlosen Gesellschaft: Sie wäre multistabil, d.h. sie hält einer Vielzahl unterschiedlichster Attacken stand, weil es immer wenigstens ein paar Einheiten gibt, die überleben. Anstatt einer einzigen Strategie, wie bei der selbstlosen Gesellschaft, gibt es in der egoistischen Gesellschaft viele Strategien, denn jede Einheit verfolgt ihre eigene. Manche dieser Strategien erweisen sich als falsch und die Einheiten, die sie verfolgen, scheitern. Doch wenn einzelne Einheiten untergehen, bedroht das nicht die Existenz der Gesamtheit. Wenn aber die eine Gesamtstrategie der selbstlosen Gesellschaft falsch ist, droht Gefahr für alle.

Mark Twains Engel Satan lehrt damit die erste unmoralische Erkenntnis über Gesellschaft: Kleine, allein auf ihren Vorteil und ihr Überleben ausgerichtete, egoistische Einheiten geben einer Gesellschaft größere Chancen auf Erfolg. Das zeigt sich ganz deutlich, wenn man die kleine egoistische Experimentalwelt einige Generationen laufen lässt und ihre Geschichte betrachtet: Von allen Gesellschaftsformen ist die egoistische Marktgesellschaft bisher am erfolgreichsten gewesen. Sie hat alle anderen Gesellschaften überlebt und überflügelt, hat sich die Welt erobert und ist heute als Marktwirtschaft die Siegerin über alle anderen Gesellschaftsformen.

In der Theorie erfüllt sie auch das Gerechtigkeitskriterium optimal, denn alle streben nach ihrem Vorteil und alle können sich eine Chance auf Erfolg erhoffen, werden also der Konstruktion auch dann zustimmen, wenn sie vorher nicht wissen, ob sie erfolgreich oder erfolglos sein werden.

Von den Nachteilen der egoistischen Gesellschaft

DAS MATTHÄUS-PRINZIP   Auch die egoistische Gesellschaft trägt wie die selbstlose Gesellschaft eine Tendenz zur Diktatur in sich und droht sich damit selbst zu widerlegen. Bei ihr nennt man die Diktatur Monopol. In ihrem Streben nach Vorteil sind manche Einheiten unausweichlich erfolgreicher als andere. Damit gewinnen sie für die nächste Runde bessere Ausgangsbedingungen im Wettbewerb der Egoisten. Das erhöht ihre Chancen, in den folgenden Runden erneut andere Einheiten auszustechen. Denn die egoistische Gesellschaft funktioniert nach dem Prinzip aus dem Matthäus-Evangelium, 25,29: »Wer hat, dem wird gegeben!«

Zwar entstehen immer neue Einheiten, die ein neues, erfolgreiches Produkt auf den Markt bringen. Und manchen gelingt es – wie in jüngster Zeit Bill Gates und seinem Unternehmen Microsoft – die etablierten Firmen zu überflügeln. Doch – gerade dieses Beispiel zeigt es – ihnen wohnt der Drang zum Monopol, zur Diktatur wenigstens über ihre Branche inne. Haben einzelne Einheiten mehrere Branchen monopolisiert, kommt auch die Politik nicht mehr gegen sie an. Mit ihrem Finanzgebaren können sie Erfolg und Misserfolg jeder Regierung willkürlich steuern und sie befördern oder zu Fall bringen.

Dann gelten für die egoistische Gesellschaft die gleichen Nachteile wie für die selbstlose Gesellschaft. Auch hier bekommen die oben nur noch eingeschränkte Informationen über die Wirklichkeit, auch sie neigen dazu, innere und äußere Opposition zu eliminieren, und sie werden durch ihren weiterhin ungebremsten Egoismus zu einem Klotz am Bein der Gesellschaft. Sie saugen sie aus, ohne ihr zu geben. Die egoistische Gesellschaft verliert mit der Monopolisierung ihren wichtigsten Vorteil: die Multistabilität. Sie ist auf wenige Strategien, oder gar eine einzige festgelegt. Die mag in ihrer materiellen Übermacht sehr durchsetzungsfähig sein, doch gerade ihre Stärke raubt ihr die Flexibilität.

Trotz dieser Gefahr hat die egoistische Gesellschaft immer wieder triumphiert. Die großen Monopole des 19. und 20. Jahrhunderts, Krupp und Carnegie kennt heute kaum jemand mehr. Die Kohle- und Stahlindustrie ist der Chemie und diese der Informationstechnologie gewichen. Die alten Monopole sind eingeschmolzen worden, sind untergegangen und durch neue Marktbeherrscher ersetzt worden. Die egoistische Gesellschaft hat bisher über ihre eigene Tendenz zur monopolistischen Erstarrung gesiegt.

DAS PRINZIP »NUR WER VERKAUFT, KANN KAUFEN«   Dieser Sieg forderte und fordert weiterhin enorme Opfer, die wenig bekannt sind und kaum jemals besungen oder beklagt werden wie die Opfer der selbstlosen Gesellschaft. Denn sie werden zu Opfern, weil sie nach den Regeln der egoistischen Gesellschaft als die Verlierer und Versager gelten.

Das Prinzip »Rette sich wer kann« funktioniert über den Markt. Jede Einheit verkauft etwas: ein Produkt oder die eigene Arbeitskraft. Nur so kommt sie zu dem Geld, mit dem sie selbst all das einkaufen kann, was sie zum Überleben und zur erneuten Produktion braucht.

Nur wer verkauft, kann kaufen. Das ist das Grundprinzip der Marktwirtschaft, der egoistischen Gesellschaft. Wo in der selbstlosen Gesellschaft Bedürfnisse politisch bewertet und berücksichtigt werden, entscheidet in der egoistischen Gesellschaft allein das Geld, die Kaufkraft, welche Bedürfnisse befriedigt werden und welche nicht.

In heutigen Industriegesellschaften kommen 5 bis 20 Prozent der Menschen in einer Gesellschaft dauerhaft in die Situation, dass sie nichts verkaufen können. Es trifft Behinderte, vor allem geistig Behinderte, Ältere, wenig qualifizierte Menschen, die vom Arbeitsmarkt lange vor dem Rentenalter ausgesondert werden, Frauen, vor allem Alleinerziehende mit mehreren Kindern, die vom Arbeitsmarkt nicht angenommen werden. Sie müssten ohne Solidarleistungen der Gesellschaft verhungern. Und in vielen Teilen der Welt verhungern sie tatsächlich.

Außerhalb der Industrieländer, im Rest der Welt, sind es viele hundert Millionen Menschen, die nichts zu verkaufen haben. Wenn sie »Glück« haben, leben sie außerhalb der Marktwirtschaft von dem, was der Boden hergibt. Doch immer häufiger ist der Boden ausgelaugt, ausgetrocknet oder übersalzen durch falsche Bewässerung. Zu viele müssen von seinen kümmerlichen Erträgen leben. Die neuen genmanipulierten, ertragreichen Sorten, der Kunstdünger und die Insektizide sind nur gegen Geld zu haben. Hunger, Mangelkrankheiten, Minderwuchs und Epidemien auf dem Land sind häufig so unerträglich, dass Eltern Kinder in Schuldsklaverei verkaufen. So können sie wenigstens für einen Teil ihrer Kinder die dringendsten Bedürfnisse befriedigen.

Immer mehr fliehen vom Land in die Slums der Städte. Dort wühlen sie sich durch den Müll, betteln oder konkurrieren für geringstes Entgelt um die wenige Lohnarbeit, die es gibt. Laut dtv-Jahrbuch 2003 gab es im Jahr 2001 in der Welt 777 Millionen stark unterernährte Menschen, darunter 150 Millionen Kinder. In der Folge sterben jedes Jahr Millionen Kinder und Erwachsene an Hunger und vermeidbaren Krankheiten. Laut UN-Berechnungen starben im Jahr 2001 allein 10,8 Millionen Kinder unter fünf Jahren an Unterernährung und dadurch bedingten Krankheiten. Die egoistische Gesellschaft produziert in wenigen Jahren mehr Leid und Opfer als die selbstlose Gesellschaft in einem ganzen Jahrhundert.

Die egoistische Gesellschaft zeigt dabei keine Grausamkeit, keine Brutalität. Sie foltert nicht, treibt die Menschen nicht in Viehwagons und verschickt sie nicht in Ghettos und Lager. Sie treibt sie nicht in Todesmärschen durch das Land. Sie schickt sie nicht zum Sterben in sibirische Arbeitslager oder in Gaskammern. Die egoistische Gesellschaft produziert ihre Millionen Opfer jedes Jahr einfach durch das Gesetz: Wer nichts verkaufen kann, kann auch nichts kaufen.

Zwischenbilanz

Dies ist ein rein moralisches Argument, das den Engel Satan weder beeindruckt noch interessiert, denn er kennt weder Gut noch Böse. Ihn interessiert alleine: Funktioniert die Gesellschaft? Sichert sie ihre eigene Weiterexistenz und ihr Überleben auch in einer sich schnell wandelnden Welt? Und wird sie von ihren Mitgliedern genügend akzeptiert, so dass ihre Weiterexistenz gesichert ist? Beides trifft für die egoistische Gesellschaft nach allem, was wir wissen, eindeutig zu. Sie hat alle heißen und kalten Kriege, alle Wirtschaftskrisen, alle Streikaktionen und all die anderen Krisen eines mehrere Jahrhunderte währenden Klassenkampfes triumphal überlebt. Die Kommunisten haben ständig ihren Untergang prophezeit, doch untergegangen sind sie.

Die egoistische Gesellschaft hat für viele einen nie zuvor gekannten Wohlstand produziert. Heute leben die Ärmsten in Deutschland auf einem Lebensniveau, von dem die Reichsten des frühen Mittelalters, sagen wir des 12. Jahrhunderts, selbst ein König, nicht zu träumen gewagt hätten: Fenster mit Glasscheiben, Zentralheizung, Kühlschrank, Fernseher, Radio, Musik und Frischobst zu allen Tages- und Jahreszeiten. Die Fürsten des frühen Mittelalters lebten in zugigen, ständig kalten Burgen, bekamen im Winter durch Vitminmangel Skorbut und hatten allenfalls Musiker und Narren zur Unterhaltung.

Die egoistische Gesellschaft hat – wie keine andere Gesellschaft – Unterschiede eingeschmolzen und dort, wo Menschen über Zahlungskraft verfügen, zuvor ungekannte Entfaltungsmöglichkeiten geschaffen. Die egoistische Gesellschaft will nur verkaufen. Geld und Profit sind höchst demokratisch und vorurteilsfrei. Sie schauen nicht auf Herkunft, Hautfarbe, Überzeugung oder Geschlecht. Wer zahlt, dem wird geliefert. Das Problem, würde der Engel Satan argumentieren, ist nicht die egoistische Gesellschaft. Das Problem ist, dass sie sich noch nicht genügend über die ganze Erde verbreitet hat. Die vielen Millionen Hungertoten sind nicht der egoistischen Gesellschaft anzulasten, sondern ihrer ungenügenden Durchsetzung.

Die Grenzen der egoistischen Gesellschaft

Da ist aber noch ein zweites, nicht allein moralisches Problem, das der Engel Satan mit seiner egoistischen Gesellschaft lösen muss: In allen Gesellschaften gibt es Probleme und Lebensbereiche, die nicht über den Markt gesteuert werden können. Dazu gehört beispielsweise die Liebe.

Von den Propagandisten der Marktwirtschaft als Lösung aller Probleme wird zwar behauptet, auch die Liebe erledige sich nach dem Prinzip von Angebot und Nachfrage. Sie meinen, was nichts koste, sei nichts wert. Und natürlich kostet Liebe etwas: Zeit, Nerven, Geschenke, Herzschmerz. Doch Liebe ist gerade dadurch gekennzeichnet, dass sie nicht Leistung mit Gegenleistung verrechnet. Sie bedeutet Hingabe. Sie erwächst nicht aus Kalkulation und ist nicht zu kaufen, nicht einmal vorherzusehen. Das gilt für die Elternliebe wie für die Liebe zwischen Geschlechtspartnern, ohne die die Gesellschaft nicht existieren könnte.

Das gilt auch für das Netzwerk von Freundschaften und Verwandtschaft. In ihm treffen wir auf ein marktfernes Gewebe von Unterstützung, Zuneigung, gemeinsamen Aktivitäten. Ohne dieses Gewebe von Beziehungen könnten wir nicht aufwachsen. Wir könnten kein emotional ausgeglichenes Leben führen. Ohne diesen Bereich, der oft Zivilgesellschaft genannt wird, weil er weder der Ökonomie noch Staat und Politik zuzuordnen ist, könnte unsere Gesellschaft nicht überleben. Denn Kinder oder Freundschaften sind keine Marktprodukte und können unter nur egoistischen Bedingungen nicht überleben.

Schwerwiegender noch: Was für die Einzelnen gilt, gilt erst recht für die ganze Gesellschaft. Sie kann nicht leben ohne Solidarität. Das Hineinwachsen der Kinder in die Gesellschaft erfordert von ihr eine nicht-egoistische, gemeinsame Leistung zur Organisation von Erziehung, Schule und eines behüteten und behütenden Gemeinschaftslebens. Allfällige Krankheiten, Unfälle, Brand und Diebstahl sind Risiken, die nicht von den Einzelnen allein getragen werden können, sondern nur durch solidarische Verteilung auf viele.

Darüber hinaus muss die Gesellschaft als Ganze sich vor gemeinsamen Gefahren schützen: Katastrophen, Seuchen, Kriege. Sie muss ein Rechtssystem entwickeln mit unabhängigen und unbestechlichen Organen der Rechtsprechung. Sie muss Polizeikräfte vorhalten, die ihren Gesetzen Geltung verschaffen und die Urteile der Justiz vollziehen. Wenn Polizei und Justiz käuflich sind, bricht auch der Markt zusammen. Denn der braucht die Eigentumsgarantie, die Gültigkeit von Verträgen, die Gewaltfreiheit und Bestandsgarantien beim Aushandeln von Preisen und Vertragsbedingungen.

In vielen so genannten Entwicklungsländern sind allein egoistisch organisierte Gesellschaften nicht fähig, die notwendigen gemeinschaftlichen Leistungen zu erbringen, z.B. Straßen, Schulen, Krankenhäuser, Forschungseinrichtungen zu unterhalten, oder die Menschen mit sauberem Trinkwasser zu versorgen und ihren Abfall und ihre Exkremente hygienisch zu entsorgen. Das sind nur die einfachsten Beispiele für das häufige Versagen der egoistischen Gesellschaft.

In ihrer Reinform ist die egoistische Gesellschaft nicht überlebensfähig. Das ist ein Einwand, der unseren Engel Satan beeindrucken würde. Anders als das moralische Argument, die egoistische Gesellschaft produziere mehr Leid und Tote als alle Diktaturen, wird hier das Erfolgskriterium für Gesellschaften berührt. Wenn sie nicht überlebensfähig sind, müssen sie verändert werden. Der Engel Satan muss unsere kleine egoistische Gesellschaft umbauen.

Die ideale Gesellschaft: Die Mischform von selbstloser und egoistischer Gesellschaft

Als Grundprinzip kann das egoistische »Rette sich wer kann« für die meisten Bereiche der Gesellschaft beibehalten werden, denn es funktioniert besser und liefert den meisten Mitgliedern der Gesellschaft punktgenauer das, was sie brauchen, als ein fürsorglich planender Staat. Doch die marktwirtschaftliche Organisation muss überall dort, wo sie nicht funktionieren kann oder notwendige Leistungen nicht im notwendigen Umfang erbringt, durch nicht-marktwirtschaftliche Prinzipien und Organisationsformen ergänzt werden.

Die Entscheidung darüber, wann die marktwirtschaftliche Organisation nicht funktionieren kann oder notwendige Leistungen nicht im notwendigen Umfang erbringt, ist die Aufgabe der Politik. Auch die

Entscheidung darüber, was in Ergänzung der Marktwirtschaft vom Ganzen geleistet werden muss und wie das geschehen soll, ist das, was man Politik nennt. Denn der Apparat, der die nicht-marktwirtschaftlichen Leistungen erbringen muss, ist der Apparat, der durch die Politik kontrolliert wird, der Staat. Der Staat ergänzt die Marktwirtschaft um ihre gesellschaftliche Dimension, macht sie gesellschaftsfähig, indem er sie zuletzt doch noch altruistischen Prinzipien unterwirft. Das Ergebnis ist die soziale Marktwirtschaft.

Das Wort »sozial« hat in der Alltagssprache die Bedeutung von mildtätig und helfend. Dabei heißt es nichts anderes als »gesellschaftlich«. Eine soziale Marktwirtschaft ist nicht etwa eine mildtätig helfende, sondern eine gesellschaftlich ausgerichtete Marktwirtschaft, die sich jenseits der Ökonomie um das Funktionieren der Gesellschaft als Ganze kümmert und dabei überall dort regelnd eingreift, wo die Marktwirtschaft nicht die gewollten Ergebnisse bringt. Die soziale Komponente darf niemals die Marktwirtschaft selbst in Frage stellen, sich zur Planwirtschaft entwickeln, denn damit würde sie die Kuh schlachten, von deren Milch – sprich Steuern – sie lebt.

In jeder Gesellschaft gibt es Lebensbereiche, die weder Teil der Ökonomie noch Teil der Politik und ihres Staates sind. Wenn die Menschen weder arbeiten noch Politik machen, bewegen sie sich in dem, was man Zivilgesellschaft nennt, in der Sphäre des Privaten, in der Familie und im Freundeskreis, in Vereinen und auch in der Öffentlichkeit. Dort herrschen nicht die Gesetze von Angebot und Nachfrage oder die Regeln der Politik, sondern es gelten kulturelle Normen, die festlegen, was moralisch richtig und falsch ist, was dem guten Geschmack entspricht, was künstlerisch wertvoll ist oder was ein gutes und gelungenes Leben ausmacht.

Das erste Resultat des amoralischen Spiels des Engels Satan war, dass der Eigennutz ein besserer Berater bei der Gestaltung von Gesellschaft ist als der Altruismus und die Aufopferung für ein angebliches Gemeinwohl. Das zweite Resultat ist, dass der Eigennutz allein nicht trägt. Es geht nicht ohne gemeinsame Aktivitäten und Kommunikation jenseits des Marktes. Es geht nicht ohne die Zivilgesellschaft. Und es geht auch nicht ohne eine übergreifende Instanz, die sich um die Lösung für gemeinsame Probleme jenseits des Marktes kümmert. Das ist die Politik. Das heißt: Ohne Politik geht es nicht!

Damit stellt sich nun die Frage nach der Konstruktion einer idealen Gesellschaft anders als noch am Anfang dieses Kapitels. Denn jetzt wissen wir, dass sie hauptsächlich nach dem Prinzip des »Rette sich wer kann« funktionieren muss, ergänzt durch einen gemeinschaftlichen Bereich, der durch Politik gestaltet wird. Statt »Welche ist die beste Gesellschaft?« lautet nun die Frage: »Was ist die beste Politik?«. Denn sie muss die ungewollten Folgen des »Rette sich wer kann« in der Wirtschaft ausgleichen und entscheidet somit über die Güte einer Gesellschaft.

Es stellt sich damit erneut die Frage nach der Wahrheit. Denn ähnlich wie bei der selbstlosen Gesellschaft wäre sicherlich diejenige Politik die beste, die sich an der Wahrheit und an dem durch sie zu bestimmenden Gemeinwohl ausrichten würde.

Zweites Kapitel
Die Milliarden Leben des Kolumbus – oder:
Das Verhältnis von Politik und Wahrheit

Zurück zu der Geschichte von Mark Twain über den geheimnisvollen Fremden: Der Engel Satan hatte sich mit den Jungen in dem österreichischen Dorf des Mittelalters so angefreundet, dass er ihnen einen Gefallen tun wollte. Er bot ihnen an, das Leben eines ihrer besten Freunde zu seinem Besten zu verändern. Die Jungen stimmten begeistert und dankbar zu und malten sich schon aus, wie ihr Freund groß herauskommen würde, vielleicht als General oder Minister.

Dann erklärte der Engel Satan, wie er das Leben von Nikolaus, ihrem Freund, verändern werde: »In zweieinhalb Minuten wird Nikolaus aus seinem Schlaf erwachen und merken, dass der Regen zum offenen Fenster hereinbläst. In seinem bisherigen Leben war es ihm vorherbestimmt, dass er sich umdrehe und er wieder einschlafe. Aber ich habe bestimmt, dass er aufstehen und das Fenster schließen wird. Durch diese Kleinigkeit wird sich sein Lebenslauf vollständig ändern. Er wird am nächsten Morgen zwei Minuten länger schlafen als es ihm durch die bisherige Verkettung der Lebensumstände vorbestimmt war, und deshalb wird keins der Glieder der bisherigen Verkettung mehr stimmen.« Nikolaus, erklärt der Engel Satan weiter, werde deswegen zwölf Tage später um Sekunden zu spät an einem See ankommen, in dem ein kleines Mädchen treibt und um Hilfe schreit. Nikolaus werde sich ins Wasser stürzen und hinausschwimmen, um das Mädchen zu retten. Ohne die Verzögerung wäre er gerade recht gekommen und hätte sie im noch niedrigen Wasser gerettet. So werde sie bereits ins Tiefe hinausgetrieben sein und beide werden ertrinken.

»Was soll denn daran ein Vorteil sein?«, protestierten die entsetzten Freunde und flehten den Engel Satan an, alles beim Alten zu lassen.

Der Engel Satan klärte sie auf: »Wenn Nikolaus früher an den See gekommen wäre, hätte er zwar das Mädchen retten können, doch er hätte sich dabei eine Lungenentzündung und dann in seinem geschwächten Zustand eine so schwere andere Krankheit zugezogen, dass er für weitere sechsundvierzig Jahre blind und gelähmt im Bett gelegen und jeden Tag nur um seinen baldigen Tod gebetet hätte. Und das gerettete Mädchen hätte nach einem Leben voller Elend als Mörderin auf dem Schafott geendet. Da tue ich beiden mit einem frühen Tod einen großen Gefallen!« Fassungslos stimmten die Jungen dem Engel Satan zu und baten ihn um die versprochene tödliche »Verbesserung«.

Schwierigkeiten mit der Zukunft

Was hat diese Geschichte mit der Frage zu tun »Was ist die beste Politik?«, mit der das vorangegangene Kapitel endete?

Politik soll nach der Logik des vorangegangen Kapitels die Mängel der Marktwirtschaft ausgleichen. Sie stellt demnach einen gegenwärtigen Mangel fest und ergreift Maßnahmen, um ihn in der Zukunft nicht mehr auftreten zu sehen. Politik handelt demnach von der Zukunft. Die Vorhersehbarkeit der Zukunft ist daher für die Politik von allerhöchster Bedeutung. Die Geschichte vom Engel Satan und dem »besseren« Leben des Nikolaus handelt auf die für Mark Twain typisch verquere Art von den Schwierigkeiten bei der Vorhersehbarkeit der Zukunft. Mit ihr stecken wir also mitten im zentralen Thema der Politik.

Denn wie verändert der Engel Satan das gesamte Leben zweier Menschen? Durch das Schließen oder Offenlassen eines Fensters, durch das es hereinregnet. Nikolaus, der sonst durchgeschlafen hätte, wird durch den Regen geweckt und steht nun auf, um das Fenster zu schließen. Diese wenigen Sekunden, diese absolut zufällige und banale Kleinigkeit, verschiebt das spätere Zusammenspiel und Zusammentreffen von Ereignissen und erzeugt eine neue Kette von Ursachen und Wirkungen.

Mark Twain lässt das seinen Engel Satan so erklären: »Das Leben ist nicht göttlich vorbestimmt, sondern durch das Zusammenwirken von eigenen Handlungen und Umwelt. Die erste Handlung bestimmt die zweite und alle anderen, die folgen. Aber nimm einmal an, dass ein Mensch eine der Handlungen auslässt, eine anscheinend völlig unbedeutende – zum Beispiel. Nimm an, es sei ihm festgelegt, dass er zu einer bestimmten Zeit, zu einem bestimmten Bruchteil einer Sekunde an den Brunnen geht, und er macht das nicht, dann wird von diesem Zeitpunkt an sein Leben ein völlig anderes. Bis zu seinem Grab wäre es ein anderes als das, was seine ersten Handlungen als Baby für ihn festgelegt hätten. Es könnte sein, dass er zum König geworden wäre, hätte er den Gang zum Brunnen nicht ausgelassen, dass er aber nun als Bettler endet.

Oder Kolumbus: Wenn er auch nur eine seiner vielen Handlungen ausgelassen hätte, die durch seine ersten kindlichen Handlungen entworfen und unvermeidlich gemacht worden sind, dann hätte er als armer Priester irgendwo in Italien geendet, ohne je Amerika gesehen zu haben, und Amerika wäre erst zweihundert Jahre später entdeckt worden. Ich habe die Milliarden möglichen Lebensläufe von Kolumbus alle gründlich untersucht. Und nur in einem einzigen von ihnen kommt Amerika vor.«

Die Milliarden Leben des Kolumbus werfen ein überscharfes Schlaglicht auf die Schwierigkeiten der Politik. Politik versucht, Zukunft zu gestalten. Wenn Zukunft so sehr vom Zusammenspiel winziger Kleinigkeiten und Banalitäten abhängt, dann ist Politik ein schwieriges Unterfangen. Wir müssen also untersuchen, in wieweit der Engel Satan Recht hat.

Und natürlich stimmt seine Prognose nicht. Denn selbst wenn Nikolaus wegen des Fensters, das er geschlossen hat, an diesem Tag länger schläft als sonst, bedeutet es nicht, dass er auch am folgenden Tag länger schläft. Mit größter Wahrscheinlichkeit hat das Schließen des Fensters in der Nacht vor zwölf Tagen keinerlei Auswirkungen auf das zeitliche Zusammenspiel der Ereignisse am Tag des Unglücks. Wäre das Mädchen gleich am Tag nach dem Festerschließen ins Wasser gefallen und Nikolaus hinzugekommen, dann wäre die Argumentation von Mark Twain plausibel.

Wenn ich morgens auf dem Weg zur Arbeit den Schlüssel stecken lasse und deshalb zurück muss, um ihn zu holen, und deshalb später losfahre als üblich, wirkt sich das normalerweise nicht auf mein weiteres Leben aus. Es ist wie mit dem berühmten Flügelschlag des Schmetterlings. Normalerweise löst er nichts aus als einen kaum spürbaren Lufthauch. In einer kritischen Situation, wenn alle Verhältnisse darum herum auf der Kippe stehen, kann der Flügelschlag weit weg auf einem anderen Kontinent einen Hurrikan auslösen.

Im Rückblick erscheint das eingetretene Leben als das einzig Mögliche und Vernünftige und nichts liegt ferner als der Gedanke einer unüberschaubaren Zahl völlig unterschiedlicher möglicher Lebensverläufe. Noch absurder erscheint es, diese könnten durch kleinste, völlig unwesentlich erscheinende Verschiebungen im zeitlichen Zusammenspiel banaler Ereignisse erzeugt werden. Doch das Leben der modernen Menschen ist voller kritischer Situationen. Jede Autofahrt, jeder Flug, jede Zugreise kann in einem lebensverändernden Unfall enden, in den man durch eine verhängnisvolle Verkettung von zeitlichen Ereignissen und winzigen Zufälligkeiten hineingerät oder ihm glücklich entgeht. In der Politik gibt es noch viel häufiger solche kritischen Situationen: Psychisch Gestörte, die es auf Prominente abgesehen haben; politische Gegner, die sich Intrigen ausdenken; zufällige Ereignisse – eine Flut etwa, die das Wahlergebnis beeinflussen; das Zusammenspiel der gesellschaftlichen Kräfte, die zielgerichtetes Handeln verstärken oder wirkungslos machen können.

Ein Beispiel: Am Abend des 8. November 1923 – am Höhepunkt der Geldentwertung durch den verlorenen Ersten Weltkrieg (ein Brot kostete mehrere Million Reichsmark), am Höhepunkt der innen- und außenpolitischen Wirren (es hatte mehrere gescheiterte Aufstandsversuche der Kommunisten und Putschversuche der Rechten gegeben, die Franzosen waren ins Ruhrgebiet einmarschiert) – erklärte Adolf Hitler bei einer Massenkundgebung im Münchner Bürgerbräukeller die bayerische, die Reichsregierung und den Reichspräsidenten zugleich für abgesetzt. Am nächsten Tag, einem der vielen bedeutsamen 9. November der deutschen Geschichte, inszenierte Hitler mit seinen Anhängern und einigen noch prominenten Figuren des Ersten Weltkrieges einen »Marsch auf Berlin«. Damit folgte er dem Vorbild der italienischen Faschisten, die mit ihrem »Marsch auf Rom« die Macht in Italien erobert hatten. Schon nach wenigen hundert Metern, in München an der Feldherrnhalle, stießen die Marschierer auf einen Trupp regierungstreuer Polizisten. Die forderten die Putschisten auf, sich zu ergeben, oder es werde geschossen. Als Hitler und seine Mannen weitermarschierten, feuerte die Polizei und tötete sechzehn Mann. Hitler hätte einer von ihnen sein können. Die Kugel verfehlte ihn nur um Zentimeter, weil der Mann an seiner Seite getroffen wurde und im Sturz Hitler zu Boden riss. Die Zeitungen hätten von seinem »tragischen Tod« berichtet und die Geschichte wäre eine andere gewesen. Sie wäre nur durch die Verschiebung des Gewehrlaufes um ein paar Millimeter bewirkt worden, eine genauso kleine und banale Veränderung wie das offene Fenster in der Geschichte von Mark Twain.

Die Geschichte, die tatsächlich stattgefunden hat und die uns heute wie naturgegeben erscheint, ist wie die Milliarden Leben des Christopher Kolumbus nur eine von Milliarden möglichen Geschichtsverläufen. Hier nur eine der denkbaren Alternativen: Hitlers Tod bringt die linken und rechten Putschisten zum Aufgeben. Die Weimarer Republik stabilisiert sich. Sie findet eine breite Basis in der Bevölkerung und auch die konservativen Parteien akzeptieren die Demokratie und das Parlament. Außenpolitisch wendet sich die Weimarer Republik zusammen mit England und Frankreich gegen das faschistische Italien und schafft es, die USA aus ihrer Isolationspolitik zu lösen und für eine antifaschistische Politik im Völkerbund zu gewinnen. Das faschistische Italien wird mit Sanktionen und Handelsboykott vom Rest der Welt isoliert und findet sich bald zu einer weniger radikalen Politik bereit. Dadurch verlieren die sonstigen faschistischen Bewegungen in Europa an Glaubwürdigkeit und werden zu bedeutungslosen Splitterparteien. Die Sowjetunion reibt sich durch ihre inneren Machtkämpfe auf und verliert ohne die faschistische Gefahr an Einfluss. Überall in Europa gewinnt daher die Sozialdemokratie an Gewicht, insbesondere weil sie im Einklang mit der Arbeitsbeschaffungspolitik Roosevelts in den USA die Weltwirtschaftskrise besser bewältigt als die Länder mit bürgerlichen Regierungen. Und so verbreitet sich in den vierziger Jahren der demokratische Sozialismus über die ganze Welt.

Diese – heute fantastisch klingende – Alternative hatte damals die gleiche Wahrscheinlichkeit, Wirklichkeit zu werden, wie das, was wir heute als Geschichte kennen. Alle Elemente dieser Gedankenkonstruktion waren damals gegeben. Sie hätten geschehen können, wenn die antidemokratische Propaganda der Rechtsradikalen vom Schlage Hitlers damals nicht die konservativen Parteien immer weiter nach rechts und gegen die Weimarer Republik getrieben hätte. Die Verhältnisse standen damals auf der Kippe. Es wäre auch möglich gewesen, dass Hitler erfolgreich zum Märtyrer der nationalen Bewegung ausgerufen und durch einen noch fanatischeren, noch wirksameren, charismatischeren Nachfolger ersetzt worden wäre, der die Konservativen so unter Druck gesetzt hätte, dass die Nazibewegung schon 1931 eine parlamentarische Mehrheit errungen hätte. Doch auch dann wäre die Geschichte eine andere geworden als wir sie heute kennen. Durch geringe Veränderungen, zufällige Kleinigkeiten wie das offene Fenster bei Mark Twain, kann Geschichte durchaus einen anderen Verlauf nehmen, besonders dann, wenn die Verhältnisse auf der Kippe stehen. Es sind vielleicht keine Milliarden, aber viele Tausende alternative Leben des Kolumbus durch solche kleinen Veränderungen denkbar. Seine Reise stand bekanntlich öfter auf der Kippe, so dass in Tausenden von ihnen Amerika tatsächlich nicht vorkommen dürfte.

Von der Willensfreiheit

Das Ganze wird noch komplizierter durch unsere Willensfreiheit. Es spielt nämlich nicht nur der Zufall, wie bei Nikolaus oder beim Flug einer Gewehrkugel, eine Rolle im Wirrwarr der Verkettungen von Ursache und Wirkung. Wir haben die freie Wahl. Wir können uns für oder gegen eine Handlung entscheiden.

Zwar zeigt die Hirnforschung zurzeit, dass es begründeten Zweifel an unserem freien Willen gibt: Wenn man im Experiment jemanden bittet, zu entscheiden, welchen Finger er bewegt, und seine Hirnströme dabei misst, zeigt das Areal, das für die Entscheidung zuständig ist, erst nach dem Areal Aktivität, das die Bewegung auslöst. Das Gehirn spiegelt uns also – so meint die Hirnforschung – nur die Illusion einer freien Entscheidung vor. Irgend etwas hat in uns längst vorher entschieden. Für uns selbst und für andere ist die Entscheidung jedoch nicht vorhersehbar und hat daher die gleiche Wirkung wie eine freie Entscheidung, gleichgültig was sie ausgelöst hat. Für die Politik hat es auch die gleiche Wirkung: Noch mehr Ursachen für unvorhersehbare Kombinationen zufälliger Ereignisse, die in instabilen Situationen zu noch mehr alternativen Geschichtsverläufen führen können.

Wieder ein Beispiel aus der Geschichte: Adolf Hitler, der unverletzt blieb am 9. November 1923, feierte als Diktator jedes Jahr sein Überleben. Immer am 8. November abends kehrte er in den Münchner Bürgerbräukeller zurück und hielt dort, an derselben Stelle, an der er damals den Putsch ausgerufen hatte, eine Rede an seine Anhänger. Für den 8. November 1939, Hitler hatte seinen Krieg gegen die ganze Welt schon begonnen, hatte ein mutiger Einzelgänger von der Schwäbischen Alb, Georg Elser, ein Attentat vorbereitet. Er hatte in der Säule, vor der Hitler jedes Jahr immer zur gleichen Zeit sprach, eine Bombe mit Zeitzünder versteckt, der genau auf den Zeitpunkt der Rede eingestellt war. Mit dem Attentat wollte Georg Elser »den Krieg verhindern«, wie er später vor der Gestapo aussagte.

Hier kommt der freie Wille ins Spiel: Hitler entschied sich zuerst, wegen seiner Kriegspläne ausnahmsweise in diesem Jahr überhaupt nicht zu reden. Statt seiner sollte sein Stellvertreter, Rudolf Hess, sprechen. Dann entschied sich Hitler wieder um und beschloss, doch zu reden. Er wollte eine grundsätzliche Rede halten. Wegen des schlechten Flugwetters und Terminen am nächsten Morgen in Berlin entschied er sich dann aber, viel kürzer zu reden als sonst. Als die Bombe dann zum vorher eingestellten, normalerweise richtigen Zeitpunkt explodierte und alle im Umkreis der Säule tötete, war Hitler bereits auf dem Weg zum Flughafen. Die Willensfreiheit Hitlers rettete ihm das Leben und zerstörte in der Folge vielen Millionen anderen das ihre. Denn wenn er zu diesem frühen Zeitpunkt des Krieges gestorben wäre, hätten seine Nachfolger wahrscheinlich den Frieden mit den Westmächten gesucht.

Das eine Leben, das Wirklichkeit wird, das wir tatsächlich leben, erscheint im Nachhinein als das einzig logische, oft genug als das einzig mögliche Leben selbst dann, wenn in ihm zum Beispiel ein Lottogewinn oder das zufällige Zusammentreffen mit einer Jugendliebe eine entscheidende Rolle gespielt haben. Diese Wahrnehmungsverschiebung macht uns blind für die schwer vorstellbare, verborgene Welt dessen, was hätte sein können. Wir ahnen sie nicht einmal mehr, die Variationen des Möglichen.

Solange das Mögliche aber noch nicht wirklich geworden ist, gilt die ganze weite Welt des Möglichen. Also immer, wenn es darum geht, Zukunft zu gestalten, also immer wenn es um Politik geht, stehen wir vor einem unübersehbaren Feld von Möglichkeiten.

Die nicht beabsichtigten Folgen zielgerichteten Handelns

Politik ist zielgerichtetes Handeln. Nehmen wir zum Beispiel die Gesundheitspolitik. Ziel ist es, die Gesundheitsversorgung der Bevölkerung bei zahlbaren Kosten so zu optimieren, dass niemand, egal in welcher sozialen Schicht, unnötig leiden oder sterben muss. Wie schon bis jetzt deutlich geworden ist, findet Politik in einem Feld sehr vieler Variablen statt, deren Zustand und Entwicklung nur zum Teil vorhersehbar sind. So kann jederzeit eine neue tödliche Grippeepidemie über das Land hereinbrechen oder die jungen Frauen rauchen noch mehr als jetzt schon und erzeugen damit einen rasanten Anstieg von Lungenkrebs bei Frauen schon im arbeitsfähigen Alter. All das sind Beispiele aus dem Arsenal des Engels Satan, die kaum vorhersehbar und noch weniger steuerbar über ein Land hereinbrechen und alle politischen Planungen zunichte machen können. In diesem Feld kaum zu überschauender Variablen muss nun Politik versuchen ihr Ziel dennoch zu erreichen. Um sich zum Beispiel gegen die Grippe zu wappnen, wird eine Impfpflicht eingeführt. Gegen die Gesundheitsgefährdung durch das Rauchen wird der Preis von Zigaretten verdoppelt. All das erscheint auf den ersten und zweiten Blick eine vernünftige, zielgerichtete Handlung zu sein. Weil man aber mit seinem Handeln in einem Feld unbekannt vieler Variablen agiert, kann es immer zu völlig unvorhergesehenen und ungewollten Folgen kommen. Im ersten Beispiel: Die Massenimpfung führt bei allergischen Menschen einer bestimmten Blutgruppe zum Vollbild der Krankheit. Bei ihnen kommt es zu Mutationen des Virus, die sich rasend schnell auch bei den schon Geimpften ausbreiten. Im zweiten Beispiel: Die Preiserhöhung bei Zigaretten um das Doppelte macht den Zigarettenschmuggel so lukrativ, dass eine ganz neue kriminelle Szene mit großen Verdienstmöglichkeiten aufblüht. Schmugglerbanden liefern sich blutige Schlachten in den Städten und unterbieten einander im

Preis. Für junge Szenefrauen gilt es als besonders schick, geschmuggelte Zigaretten zu rauchen. Es gibt Zigaretten so billig wie nie zuvor. Der Anteil süchtiger Raucherinnen schon an den Schulen nimmt rasant zu.

Die Beispiele zeigen, wie sich aus dem Feld der oft unüberschaubaren Variablen jederzeit eine unvorhergesehene Folge ergeben kann, die einen – hätte man sie vorhergesehen – von der Handlung wahrscheinlich abgebracht hätte. Man erkennt die unerwünschte Folgen und handelt wieder zielgerichtet und trifft nur auf neue unerwünschte Folgen. Man bekämpft zum Beispiel den Schmuggel, vertreibt die Händler oder wirft sie ins Gefängnis. Zigaretten werden knapp und teuer und damit zum Luxusprodukt, zum Prestigeobjekt, das nun erst recht gekauft und konsumiert wird. So gilt: Die Probleme von heute sind meist die Folgen der Lösungen von gestern. Wir entwickeln das Auto, um schneller von A nach B zu kommen. Und als nicht beabsichtigte Folge unseres zielgerichteten Handelns stehen wir im Stau.

Politik unter Bedingungen der Ungewissheit

Wie kann man unter solchen Bedingungen Politik machen? Politik soll und muss Gefahren abwehren, Probleme lösen, die Zukunft voraussehen und die Gesellschaft gegen Bedrohungen schützen. Doch Planen ist in einer freien Marktwirtschaft schier unmöglich. Denn die meisten Ereignisse in ihr entstehen unbeeinflusst von Politik durch die Entscheidungen der Marktteilnehmer. Waren werden nach freier Entscheidung gekauft und verkauft. Politik soll aber dennoch die Folgen dieser nicht steuerbaren Prozesse auffangen. Doch in einer Marktwirtschaft sind die Komplexität der Probleme und die Vielfalt der Variablen so gigantisch, dass eine klare Zukunftsplanung und sicher vorhersehbare Handlungsabläufe unmöglich sind. Politik kann unter solchen Umständen nur in einem Korridor der Ungewissheit handeln. Sie muss zwar Ziele haben, aber beständig auf neue Entwicklungen, unvorhergesehene Folgen und äußere Ereignisse zielführend reagieren.

Dabei gilt Murphys Gesetz: » Wo etwas schief gehen kann, wird es

schief gehen, denn nichts ist idiotensicher, weil die Idioten zu einfalls-
reich sind.« Das heißt, der Zufall macht auch das extrem Unwahr-
scheinliche möglich. Und wenn es möglich ist, tritt es irgendwann ein –
vielleicht schon morgen.

Mark Twains Engel Satan lehrt mit seiner Geschichte von den
Milliarden Leben des Kolumbus die zweite unmoralische Erkenntnis
über Gesellschaft: Politik kann gar nicht mit der Wahrheit dienen.
Das Eintreffen ihrer Versprechungen und Planungen liegt nur zu
einem kleinen Teil in ihrer Hand. Die nicht beabsichtigten Folgen
ihres zielgerichteten Handelns holen sie immer ein. Es kommt immer
und unausweichlich zu Krisen. Man kann sich nur bemühen, sie zu
mildern. Selbst dann wird es unvorhergesehene und unerwünschte
Folgen geben. Und auch um diese wird man sich kümmern und wieder neue, nicht beabsichtige Folgen produzieren. Und so weiter bis in
die Unendlichkeit.

Politik kann somit kein souveränes Planen nach vernünftiger Einsicht sein, wie man es so gerne hätte. Politik ist immer zielgericht
und insofern vernünftig. Aber sie muss immer mit unbeabsichtigten
Folgen und unvorhergesehenen Ereignissen rechnen, auf die sie reagieren muss. Es ist nicht das Fahren eines vorausberechneten Kurses
auf ruhiger See, wie man sich das gerne vorstellt und wie die Politik
selbst oft vorgibt. Vielmehr ist sie durch wechselnde Winde, unvorhersehbare Strömungen, verborgene und erst spät erkannte Eisberge,
unangemeldeten Gegenverkehr und immer neue Wünsche der Auftraggeber gezwungen, einen Schlingerkurs mit manchmal großen
Umwegen zu fahren, der aber immer auf das Ziel ausgerichtet ist und
irgendwann tatsächlich dort enden wird.

Wie viel Wahrheit ist möglich in der Politik?

Wie schon gezeigt, gibt es noch ein weiteres, schwergewichtigeres
Problem mit der Wahrheit in der Politik. Zwar wäre es das Beste, wenn
eine Gesellschaft von der Wahrheit regiert werden könnte. Doch en-
deten die meisten Gesellschaften, die im Namen der Wahrheit angetreten sind, als Terrorgesellschaften.

Zum Beispiel die Vertreter der religiösen Wahrheit: Die Inquisition verfolgte mit Folter und Verbrennung jede Abweichung von der von der Kirche festgelegten Wahrheit. Mit heiligen Kriegen und Kreuzzügen fielen Islam und Christentum übereinander her. Die christlichen Eroberer massakrierten, versklavten und entwürdigten die »Heiden« in der ganzen von ihnen »entdeckten« Welt. Auch in Europa verheerten die Religionskriege nach der Reformation das Land wie kein anderer Krieg zuvor und danach.

Dann die Vertreter der philosophischen Wahrheit: Die Französische Revolution hat mit ihrer Göttin der Vernunft in Wirklichkeit das Fallbeil zur Gottheit erhoben. Der Kommunismus, angetreten zur Befreiung der Menschheit, hat in den Ländern, in denen er die Politik bestimmte, viele Millionen Menschen gefoltert, in Lager geworfen, ihre Leben zerstört, sie ermordet. Denn wenn jemand glaubt, die Wahrheit zu besitzen, muss es selbstverständlich und logisch erscheinen, die Wahrheit auch gegen den Widerstand derjenigen durchzusetzen, die sich der Wahrheit verschließen. Das ist die große Gefahr der Wahrheit, wenn man sie zu haben meint. Die Frage ist, ob sie überhaupt zu haben ist.

Konstruktivismus – die Lehre von der Ungewissheit der Wirklichkeitsmodelle

Die Wahrheit über die Welt, wie sie wirklich ist und sich entwickeln wird, kann vermutlich weder durch Vernunft noch Wissenschaft ermittelt werden. Denn Vernunft und Wissenschaft entwerfen Theorien und Modelle und können nicht die Wirklichkeit selbst erfassen. Sie können immer nur die Tauglichkeit ihrer Modelle prüfen. Wenn ein Modell das erfüllt, was man von ihm erwartet, wenn es als physikalisches Modell des Universums beispielsweise dazu taugt, eine Rakete auf den Mond zu bringen, ist es allen Beteiligten gleichgültig, ob das Modell die Wirklichkeit selbst wiedergibt oder nicht. Es funktioniert.

Modelle sind wie Landkarten. Bei allen Modellen werden Teile weggelassen, die für den Zweck, für den das Modell konstruiert worden ist, unwichtig sind. Landkarten sind Modelle von Landschaften. Man kann sie zusammenfalten und in die Tasche stecken. Man kann auf ihnen Probehandlungen ausführen und so den kürzesten Weg herausfinden. Modelle haben den Vorteil der besseren und übersichtlicheren Handhabbarkeit. Modelle bilden deshalb nur den Teil der Wirklichkeit ab, der für den Zweck wichtig ist, für den das Modell konstruiert worden ist. So werden bei einer Straßenkarte die Straßen überbetont. Autobahnen sind dort so breit wie sonst ganze Städte. In der Straßenkarte sind dafür die anderen Elemente der Landschaft unwichtig. Sie können vernachlässigt werden. Bei einer Wanderkarte dagegen will man die Details der Landschaft finden, die Orientierungspunkte und die Markierungen der Wanderwege. Jetzt sind Autobahnen unwichtig. Für ein Modell ist es also gar nicht wichtig, wie die Wirklichkeit selbst genau aussieht. Es geht um Relevanz, nicht um Genauigkeit. Die Karte des öffentlichen Nahverkehrs in Berlin ist zum Beispiel ganz schematisch und stimmt überhaupt nicht mit den wirklichen Entfernungen und Lageverhältnissen der Stadtteile überein. Dennoch funktioniert sie als Modell sehr gut, denn sie zeigt, mit welchen Bussen und U-Bahnen man wo hinkommt und wo man umsteigen muss. Das sind die Informationen, die man braucht. Alles andere würde Verwirrung stiften.

Ähnlich ist es mit der »Wahrheit« in den Naturwissenschaften. Nehmen wir als Beispiel die Entwicklung der Kosmologie, der Lehre über die Gestalt unserer Welt. Das früheste Modell der Erde als Scheibe ist von der Wissenschaft längst widerlegt. Dennoch benutzen wir es täglich weiter, denn es funktioniert. Alle Landkarten sind Flächenprojektionen und wenn wir von Berlin nach Wien fahren wollen, planen wir die Reise so, als ob die Erde eine Scheibe wäre.

Erst wenn wir um die halbe Erde fliegen wollen, macht es Sinn, die Erde als Kugel zu behandeln. Dann ist der kürzeste Weg zwischen entfernten Punkten die Linie eines Kreises, dessen Mittelpunkt im Erdmittelpunkt liegt. Auf der Flächenprojektion müssten wir von Frankfurt nach Los Angeles über Paris und New York fliegen. Auf dem Globus führt die kürzeste Route weit nördlich davon über Grönland. Dass sich die Erde um die Sonne dreht, wird für uns nur zur Erklärung der Jahreszeiten wichtig. Aber selbst dafür würde das alte Ptolemäische Modell mit der Erde als Mittelpunkt der Welt noch taugen. Erst wenn wir Raketen zu fernen Planeten schicken wollen, brauchen wir das heliozentrische Modell unseres Sonnensystems. Die neuesten Modelle der Physik sind schon längst jenseits der sinnlichen Vorstellungskraft. Sie sind nur noch als mathematische Modelle darstellbar. Und auch sie werden sich weiter verfeinern und umgestaltet werden. Alles spricht demnach dafür, dass wir nicht einmal in den Naturwissenschaften die Wirklichkeit erfassen können, wie sie wirklich ist, sondern uns ihr mit immer verfeinerteren Modellen beständig nähern.

Diese Erkenntnis nennt sich in der Philosophie »Konstruktivismus«. Philosophen und Sozialwissenschaftler wie Paul Watzlawick und Ernst von Glasersfeld (siehe Literaturverzeichnis) haben viele skeptische Traditionen des Denkens aufgenommen und daraus eine handhabbare Philosophie entwickelt. In ihr wird die Möglichkeit von Wahrheit nicht ausgeschlossen. Es kann gut sein, dass Gott den Frommen die Wahrheit offenbart. Weil es aber so viele unterschiedlich Fromme gibt, erscheint es sinnvoller so zu tun, als ob niemand die Wahrheit hätte, sondern alle nur über mehr oder weniger wirklichkeitstaugliche Modelle verfügen.

Das gilt erst recht für die Politik. Sie muss einerseits, um handlungsfähig zu sein, davon ausgehen, dass ihre Modelle und Zukunftsprognosen stimmen. Sie muss sich aber andererseits gleichzeitig immer klar machen, dass diese Sicherheit höchst ungewiss ist. Da gibt es keine Planeten, die über Milliarden Jahre stetig ihre Bahnen durch das All ziehen. In der Politik gibt es nur die vielen möglichen Leben des Kolumbus. Statt berechenbarer Bahnen hat es Politik mit breit gestreuten Wolken möglicher Entwicklungen zu tun. Mit solchen Wolken der Wahrscheinlichkeit muss Politik leben. Das verstärkt die Unbestimmtheit ihrer Aussagen. Wer ehrlich ist, kann nur einen Korridor der möglichen Entwicklungen angeben.

Freiheit: Die Erlaubnis zur Dummheit

Wenn die Wahrheit nicht zu haben ist, ist die erste Lehre, die Politik daraus ziehen muss, dass sie Raum bieten muss für eine Vielzahl von Lebensentwürfen. Sie muss sich aus den inhaltlichen Festlegungen zurückziehen und ein Höchstmaß an Toleranz üben. Denn der eine lebt hervorragend mit der Vorstellung, der Sinn des Lebens sei, es zu genießen. Der andere führt ein genauso gutes Leben mit der Vorstellung, der Sinn des Lebens sei, andere glücklich zu machen. Der Dritte führt sein glückliches Leben mit der Vorstellung, der Sinn des Lebens sei, durch geduldiges Leiden und Verzicht auf alle Vergnügungen Gottes Wohlgefallen und wahre Weisheit zu erlangen. Andere führen ein für sie befriedigendes, weil aufregendes Leben in stetigem Kampf um Anerkennung.

Die wenigen Beispiele zeigen, wie Modelle vom richtigen Leben einander entgegengesetzt und dennoch gleich wirklichkeitstauglich und beglückend sein können. Natürlich neigen alle Beteiligten dazu, ihr Wirklichkeitsmodell für das einzig richtige zu halten, insbesondere wenn es sich für sie so offensichtlich bewährt hat. Der Asket, der durch Verzicht und Leiden zur Reinheit gelangen will, kann sich nicht vorstellen, dass ein Hedonist, der den Sinn des Lebens im Genuss sieht, genauso Recht haben könnte wie er. Stattdessen wird er ihn mit allen Mitteln bekämpfen und bekehren wollen. Jeder wird den anderen für einen charakterlosen Dummkopf und für eine Gefahr für die Menschheit halten. Wenn es kein Mittel gibt, festzustellen, wer Recht hat, muss man beiden Weltanschauungen Raum lassen. Zwar hält jeder der Beteiligten seine Position für die Wahrheit und die der anderen für Dummheit. Weil das aber für alle gilt, folgt daraus, dass alle Menschen die Freiheit haben müssen, das zu tun, was in den Augen der anderen Dummheit ist. Das ist die wichtigste Lehre, die uns der Engel Satan, der keine Moral kennt, mit seiner Geschichte von den Milliarden Leben des Kolumbus vermitteln kann: Weil der Verlauf von Schicksalen vom unvorhersehbaren Zusammenspiel einer Unzahl von Ereignissen abhängt, von denen jedes für sich genommen banal und vernachlässigbar erscheint, kann es auch eine unendliche Menge wirklichkeitstauglicher Vorstellungen über die Wahrheit der Welt geben. Keine kann allgemeine Gültigkeit beanspruchen. Jede hat ihre Berechtigung auch dann, wenn sie für die anderen verwerflich, dumm oder böse erscheint.

Viele Konservative und Kommunisten meinen, Freiheit sei die Verpflichtung, das Richtige zu tun. Der Philosoph Hegel hat es so formuliert: Freiheit ist die Einsicht in die Notwendigkeit. Beides, das Richtige und das Notwendige, setzt voraus, dass man verbindlich erkennen kann, was das Richtige und das Notwendige ist. Die Milliarden Leben des Kolumbus und die dem entsprechende Vielzahl möglicher Modelle der Welt schließen ein allgemeinverbindliches Modell der Welt jedoch aus. Freiheit ist immer nur Freiheit, wenn sie die Erlaubnis bedeutet, das in den Augen anderer Dumme zu tun.

Lehren für die Politik: Eine Ethik der Ungewissheit

Wie soll Politik unter solchen Bedingungen überhaupt noch handeln können, wenn sie sich weder richtig auf einen Inhalt einlassen, noch die Zukunft einigermaßen zuverlässig prognostizieren kann? Wie kann man bei Ungewissheit über sein Wissen dennoch richtig handeln?

Wenn man sich seiner Sache nicht sicher ist, wenn man zum Beispiel nicht weiß, ob der Angeklagte ein Mörder ist, dann sollte man kein Todesurteil fällen. An diesem Beispiel wird sofort deutlich, dass es eine besondere Ethik der Ungewissheit gibt. Sie verbietet endgültige Entscheidungen, deren Folgen man später nicht mehr ausgleichen kann. Daraus folgt das Prinzip der Erweiterung der Handlungsmöglichkeiten: Politisches Handeln sollte möglichst zu breiteren als engeren Handlungsmöglichkeiten führen.

Eine weitere logische Folge der Ungewissheit für das Handeln ist, dass man seine Annahmen über die Wirklichkeit immer als Hypothesen behandelt, die man beständig infrage stellt. Das ist für Politiker besonders schwer, weil sie doch mit ihren Meinungen Menschen überzeugen, für sich gewinnen müssen. Sie müssen Sicherheit und Gewissheit ausstrahlen und sollen dennoch ihre Sicherheiten und Gewissheiten ständig infrage stellen.

Das ist nur zu vereinbaren, wenn man gegenüber der Welt die Haltung eines Wissenschaftlers entwickelt. Für gute Wissenschaft gilt, dass sie zwar die eigenen Theorien und Hypothesen mit Leidenschaft vertritt und verteidigt, aber gleichzeitig mit besonderer Aufmerksamkeit auf jede Information lauscht, die gegen die Gültigkeit der eigenen Theorien und Hypothesen spricht und diese nach gründlicher Prüfung solcher Informationen dann auch schnell bereit ist aufzugeben oder umzubauen.

Aus all diesen Handlungsanleitungen unter den Bedingungen der

Ungewissheit folgt als zusammenfassendes Prinzip das Toleranzprinzip: Solange eine Position nicht den Menschenrechten widerspricht, muss sie geduldet werden, wenn sie auch allen eigenen Annahmen entgegenstehen sollte. Politik muss selbst Stellung beziehen. Sie muss aber dabei andere Meinungen dulden und ihnen den Raum zur Selbstverwirklichung und Selbstdarstellung sichern.

Daraus folgt ein pluralistisches Verständnis von demokratischer Politik. Da keine Politik vom Besitz der Wahrheit ausgehen kann, muss sie darauf setzen, dass die von Politik Betroffenen ihre Wahrheiten parteilich formulieren und organisieren und in die Politik einbringen. Das Ergebnis ist der so häufig gescholtene Lobbyismus.

Der Name kommt vom amerikanischen Wort für Empfangshalle: Die Lobby zum Beispiel des Hotels ist ein Raum, in dem bequeme Polstermöbel um niedrige Tische gruppiert sind und in dem man diskrete Gespräche führen kann. Lobbyisten waren ursprünglich offiziell registrierte Vertreter organisierter Interessen, die Zugang zur Empfangshalle des amerikanischen Parlaments, des Congress-Gebäudes, hatten. Nach ihnen heißen heute alle Interessenvertreter, ob im Parlament oder außerhalb, Lobbyisten.

Lobbyisten sind schlecht angesehen. Sie gelten als der Inbegriff des verantwortungslosen Egoisten, dem es nur um Geld und Gewinn geht. Man stellt sich unter ihnen aalglatte, alerte junge Männer in teuren Anzügen vor, die Politikern Millionen in kleinen, schwarzen Köfferchen übergeben, sie im Wert von Tausenden von Euro neu einkleiden, für sie luxuriöse Essen, Reisen und Kongresse unter Palmen organisieren und dabei den Verkauf von Waffen einfädeln, mit denen dann Frauen und Kinder in irgendeinem Bürgerkrieg in Afrika massakriert werden. Solche Lobbyisten sind in letzter Zeit häufig in der Presse gewesen, wenn mal wieder eine Schmiergeldaffäre geplatzt ist. Solche Lobbyisten gibt es tatsächlich und vermutlich mehr als uns bekannt ist. Aber auch die Leute von Greenpeace sind Lobbyisten ebenso wie die Vertreter der Unternehmerverbände und Gewerkschaften, die Leute vom Roten Kreuz, dem ADAC, vom Paritätischen Wohlfahrtsverband. Selbst die Aktivisten von ATTAC, der jugendlichen Organisation der Globalisierungsgegner sind nichts anderes als Lobbyisten. Alle, die versuchen Politik zu beeinflussen und dafür nicht selbst eine Partei bilden, sondern sich an die gewählten Politikerinnen und Politiker wenden, treten als Interessenvertreter und damit als Lobbyisten auf. Je mehr Leute und Geld sie hinter sich haben oder je größeren Schaden sie anrichten können, desto größer ist ihr Einfluss auf die Politik.

Jeder dieser Interessenvertreter formulierte eine andere angebliche Wahrheit, denn jeder trägt seine Sicht der Welt vor und versucht, sie bei der Gesetzgebung und bei der Regierung durchzusetzen. Auch die unterschiedlichen Parteien haben ihre jeweils eigene angebliche Wahrheit, die sie in die Praxis umsetzen wollen. Doch Politiker müssen gewählt und wiedergewählt werden und müssen deshalb auf den Druck reagieren, den die Vertreter der anderen Wahrheiten, die Lobbyisten, ausüben. Sie geben eigene Positionen auf und übernehmen Teile der Forderungen von starken Interessenverbänden. Das Ergebnis sind Kompromisse, ein Gemisch aus den vertretenen Wahrheiten, in dem sich häufig keiner derjenigen wiedererkennt, die an ihrem Zustandekommen beteiligt waren. Das Ergebnis ist jedoch in einer Welt der Ungewissheit und der Milliarden Leben des Kolumbus darum meist eine erträgliche Lösung, weil so viele daran beteiligt waren und ihre Interessen berücksichtigt sehen.

Drittes Kapitel
Robinson Crusoe – oder:
Die Grenzen der individuellen Freiheit

Wenn Freiheit bedeutet, das tun zu dürfen, was andere möglicherweise für dumm, ungehörig oder gar böse halten, weil keine gemeinsame Vorstellung von der Wahrheit vorausgesetzt werden kann, stellt sich natürlich die Frage nach den Grenzen der Freiheit.

Im 18. Jahrhundert, in der Zeit der Aufklärung, in der das Individuum erst erfunden worden ist, waren Dichter und Philosophen fasziniert von der Frage nach den Möglichkeiten und Grenzen der individuellen Freiheit. In der ständischen Gesellschaft waren sie durch Tradition eng definiert. Doch wenn man einen Naturzustand annahm, wie man ihn in den neu entdeckten Welten vorfand, musste da nicht Freiheit ganz anders definiert werden?

Gleich zu Beginn des Jahrhunderts, im Jahr 1719 veröffentlichte der englische Schriftsteller Daniel Defoe die Geschichte von Robinson Crusoe, in der diese Frage in einem poetischen Bild abgehandelt wurde, dem Bild vom Schiffbrüchigen, der allein auf eine einsame Insel gespült wird und dort gegen die Natur sein Überleben organisieren muss. Diese Geschichte hat bis heute eine bizarre Karriere gemacht als eine stark vereinfachte Version der Welten des Engels Satan. Statt im Zusammenwirken vieler Personen wird Gesellschaft in einer einzigen Person verdichtet, dem Schiffbrüchigen Robinson Crusoe. Sein Kampf ums Überleben auf der einsamen Insel soll die Auseinandersetzung des Menschen mit der Natur und die gesamte Organisation der Gesellschaft abbilden und erklären.

In einer stürmischen Nacht wird er über Bord gespült. Mit den Wellen der Brandung kämpfend im nächtlichen Sturm, sind seine Handlungsmöglichkeiten sehr gering. Alles, was er tun kann, ist schwimmen oder untergehen. Also hat er nur zwei Möglichkeiten, zwei Freiheitsgrade. Er schafft es, unversehrt durch die Brandung an Land zu kommen. Als er das geschafft hat, erweitert sich seine Freiheit erheblich: Er kann sich ausruhen, schlafen und dann nach Trinkwasser und Essbarem suchen, damit er nicht verdursten und verhungern muss. Er steht auf dem Niveau eines Urzeitmenschen. Immerhin bleiben ihm einige Stunden, vielleicht sogar Tage, bevor er ohne Wasser und Essen in eine lebensbedrohliche Sackgasse geraten würde, in der seine Freiheit gegen null gehen würde.

Währenddessen ist sein Schiff gekentert und die gesamte Besatzung ertrunken. Wunderbarer Weise wird jedoch beinahe der gesamte nicht-lebendige Inhalt des Schiffes unversehrt zu ihm an den Strand gespült. Dort findet er denn nach und nach die Fässer mit all den Dingen, die der damaligen Zivilisation zur Verfügung standen: Vorräte, Salz, Pfeffer, Gewürze, Axt, Säge, Hammer, Nägel, Rum, eine Muskete mit Munition und trockenem Pulver, sogar eine Bibel. Mit jedem Werkzeug und jedem Vorratsfass, das er am Strand findet, eröffnen sich für Robinson neue Freiheitsräume. Als er schließlich eine Höhle findet und davor eine Barrikade baut, hat er sich gegen wilde Tiere, Wind und Wetter gesichert. Mit seinen Werkzeugen und seinem Gewehr kann er sich gegen die Natur immer neue Möglichkeiten und damit Freiheitsräume erobern. Nur seine Fähigkeiten setzen ihm Grenzen.

Das war die frohe Botschaft des Daniel Defoe für die aufstrebende bürgerliche Gesellschaft der Zeit: Nicht das Geburtsrecht, allein die eigenen Fähigkeiten und Leistungen bestimmen den Erfolg der Menschheit. Damit traf er einen Nerv der Zeit. Das »Zurück zur Natur«, das Rousseau als revolutionäre Botschaft unterstellt wurde, von ihm aber nie gesagt worden war, drückte dieselbe Hoffnung auf Befreiung aus den traditionellen Abhängigkeiten und Bindungen aus, die in der Idylle auf der einsamen Insel verwirklicht schien.

Das »Reich der Freiheit«

Doch die Menschen leben in Gesellschaft und Freiheit muss sich in Gesellschaft bewähren. Die Philosophen des 18. Jahrhunderts sannen über das Problem der Freiheit des Menschen in der Gesellschaft nach und kamen zu einem logisch stimmigen Ergebnis. Die Grenze der Freiheit soll in der Freiheit der anderen Menschen liegen. Man kann alles tun, auch das Dümmste oder Klügste, so lange man nicht die Freiheit anderer einschränkt oder behindert. So haben es die Revolutionäre des 18. Jahrhunderts formuliert, die erstmals in Amerika 1776 und dann in Frankreich 1789 die Menschenrechte deklariert haben. Es scheint logisch unanfechtbar und gleichzeitig perfekt gerecht zu sein. Alle haben ihren Raum der Freiheit und Selbstbestimmung, über den sie selbst verfügen können, und daneben gemeinsame Räume, über deren gerechte Verwendung sie sich mittels der Politik verständigen und einigen müssen.

Mitte des 19. Jahrhunderts haben Karl Marx und Friedrich Engels in ihrer ›Kritik der deutschen Ideologie‹ diesem Gedanken eine menschheitsgeschichtliche Perspektive gegeben: In dem Maße, in dem die Menschen immer bessere Möglichkeiten entwickeln, die notwendigen Dinge des Lebens zu produzieren, müssen sie auch immer weniger Zeit im »Reich der Notwendigkeit« verbringen und der Zeitanteil, den sie für alternative Handlungen gewinnen, das »Reich der Freiheit«, gewinnt immer größeren Umfang. Im Kommunismus schließlich sollte es so groß werden, dass kaum mehr jemand auf eine zum Überleben notwendige Tätigkeit festgelegt ist und jeder morgens Kritiker, mittags Jäger und abends Musiker sein kann. Jeder trägt nach seinen Fähigkeiten bei zum Leben und erhält nach seinen Bedürfnissen. Das »Reich der Freiheit« ist dann beinahe unbegrenzt.

Untersucht man dieses »Reich der Freiheit« jedoch näher, verlieren sich schnell der utopische Klang und der Schein der Gerechtigkeit. Je nach Lebenssituation ist er unterschiedlich groß. Normale Menschen stecken in einem weitverzweigten und engmaschigen Netz von Abhängigkeiten. Mit beinahe allem, was sie tun, schränken sie den Freiheitsraum anderer Menschen ein und das Wachstum der Produktivkräfte ändert daran nichts, denn die Ansprüche der Menschen aneinander wachsen mit.

Kinder bleiben auf ihre Eltern angewiesen. Im frühen Mittelalter ging es dabei häufig um Leben und Tod, so wie das auch heute noch in den Slums der Entwicklungsländer ist, etwa in Bangladesh. Die Abhängigkeiten sind dort dringlicher, brutaler und hierarchischer. Die

Frau ist dem Mann untertan. Der wirtschaftliche Spielraum ist so eng, der soziale Druck so hoch, dass sich die Eltern ständig verschulden müssen zu Bedingungen, die es aussichtslos machen, die Schulden jemals zurückzuzahlen. Das Reich der Freiheit ist in der Tat damals wie heute unter solchen Bedingungen kaum existent.

In Industriegesellschaften geht es um Lebenschancen und Förderung. Auch die Eltern in Industriegesellschaften sind aufeinander angewiesen und voneinander abhängig, wenn auch nicht so brutal und hierarchisch, aber doch abhängig. Ihre Eltern und Großeltern zerren an ihnen, wollen Aufmerksamkeit und Gehör. Sie belehren sie, wie sie ihre Kinder zu erziehen haben. Die Nachbarn und Freunde stellen Ansprüche. Manchmal spät abends, wenn alle Kinder im Bett sind, bleiben ihnen einige Minuten für sich. Das ist ihr »Reich der Freiheit«. Überall sonst schränken sie mit beinahe allem, was sie tun, die Handlungsmöglichkeiten von anderen Menschen ein, weil diese in beinahe allem, was sie tun, von ihnen abhängen. Wenden sie sich einem Kind zu, bedeutet es Abwendung von anderen. Lassen sie die Kinder sich selbst entwickeln, bleiben diese möglicherweise in ihrer Entwicklung stecken und in ihren Möglichkeiten beschränkt. Kümmern sie sich intensiv um sie, sind die Kinder möglicherweise überversorgt und verhätschelt, lernen keine Selbstständigkeit und sind erst recht in ihren Entwicklungsmöglichkeiten eingeschränkt. Der Unterschied zum Mittelalter oder zum Slum in Bangladesh ist dennoch gewaltig. Die Eltern in heutigen Industriegesellschaften haben viel mehr Alternativen. Ihr »Reich der Freiheit« ist faktisch viel größer geworden. Doch wenn sie sich an die Regel über die Grenze der Freiheit halten, wonach die eigene Freiheit dort endet, wo durch ihre Wahrnehmung die Freiheit und Entfaltungsmöglichkeit anderer beeinträchtigt wird, sind die Abhängigkeiten zwar weniger dringlich, aber nicht geringer geworden.

Moderne Robinsonaden und ihre Folgen

Die Geschichte von Robinson blieb auch nach der Revolution und der Abschaffung der Adelsprivilegien faszinierend. Auch heute geistert sie durch die Welt, wird in unzähligen Reisekatalogen beschworen und jährlich von Herden junger, sogenannter »Einzelreisender«, die sich selbst als Globetrotter sehen, auf mühsamen und entbehrungsreichen Billigreisen zum Teil unter Lebensgefahr zu realisieren versucht. Die Faszination der Robinsonade geht immer noch von der Hoffnung aus, sich aus den eben beschriebenen Abhängigkeiten und Bindungen befreien zu können.

Doch diese naiven Robinsonaden sind längst abgelöst und zahlenmäßig weit überflügelt worden durch eine neue, moderne Form, in der sich die Hoffnung auf die Befreiung aus Abhängigkeit und Bindung erfüllen lässt, ohne einen Schritt aus dem Haus zu tun und ohne all die Unbequemlichkeiten auf sich nehmen zu müssen, denen sich die Nachahmer des historischen Robinson unterziehen. Wie bei Robinson, dem auf wundersame Weise alle Bequemlichkeiten der zivilisierten Welt vor die Füße geschwemmt wurden, kann man sich mit entsprechend viel Geld in der Warengesellschaft alle Bequemlichkeiten der Welt vor die Haustür liefern lassen und muss mit keinem Menschen in näheren Kontakt kommen oder gar eine Bindung eingehen. Man muss auf niemanden Rücksicht nehmen und kann so ein Maximum an Freiheit realisieren.

Bei einem Freiheitsbegriff, in dem die Grenzen der Freiheit durch die Rechte der anderen definiert sind, nehmen sich immer mehr Menschen den bindungslosen Robinson zum Vorbild. Man kann sich seinen Freiheitsraum erkaufen. Howard Hughes, ein extrem menschenscheuer amerikanischer Milliardär, schaffte es, in seinem Penthouse das Leben eines Robinson zu führen. Er konnte sich mit seinem Geld alles leisten, ließ sich das Essen und die Objekte seiner Begierde (mit Menschen wollte er sowieso nichts zu tun haben) durch Schleusen zureichen und musste dazu nie einen Menschen treffen. Er hat die Robinsonade auf die einsame Spitze getrieben.

Wenn Freiheit die Abwesenheit von Abhängigkeiten und Bindungen ist und damit Geld das optimale Mittel zur Erweiterung des Freiheitsraumes wird, entsteht nur zu leicht eine verkehrte, einsame und zunehmend leere Welt. All das, was man mit Geld nicht kaufen kann, was aber für die Weiterexistenz von Gesellschaften unverzichtbar ist, wird entwertet, wird als drohende Einschränkung der Freiheit verstanden. Menschliche Zuwendung zu Liebespartnern, zu Kindern, zur Verwandtschaft, zu Freunden schafft unvermeidlich Abhängigkeiten,

Bindungen und schränkt Freiheitsspielräume ein. Deshalb ziehen immer mehr Menschen in den Industrieländern die Freiheit in Einsamkeit der Abhängigkeit mit Nähe vor. Es wird weniger geheiratet, es werden weniger Kinder geboren, Verwandtschaftsverhältnisse verlieren an Bedeutung und Bindungskraft, Beziehungsfähigkeit wird problematischer und seltener.

Und so gerät die Politik einer Gesellschaft, die auf eine Kombination von Eigennutz und Selbstlosigkeit setzt, unweigerlich in eine gefährliche Klemme: Um gemeinnützige Angelegenheiten außerhalb der Geldgesellschaft unterstützen zu können, muss sie zuerst den Eigennutz und die Logik der Geldgesellschaft fördern, denn die schaffen erst die Mittel, mit denen die anderen Projekte dann betrieben werden können. In der Logik der Geldgesellschaft werden aber solche Projekte mitmenschlicher Bindung immer mehr entwertet und als Bedrohung der Freiheit empfunden.

Das ist eine Erfahrung, die von all denjenigen, die in der DDR aufgewachsen sind, intensiv erlebt worden ist. In der DDR waren viele Waren und Dienstleistungen nicht über den Markt zu haben. Lieferschwierigkeiten, Knappheit und eingeschränktes Angebot in vielen Bereichen zwangen die Menschen in eine gegenseitige Abhängigkeit und zu einer Nähe, die in einer funktionierenden Geld- und Warengesellschaft die Ausnahme ist. Wenn man zum Beispiel an ein gutes Buch kommen wollte, das »Bückware«, unter dem Verkaufstisch versteckte Rarität war, musste man sich mit seinem Buchhändler als Person gut stellen. Nach Wende und Währungsunion verschwanden diese Notwendigkeiten. Man konnte alle Waren nur noch mit Geld bekommen. Und wenn man Geld hatte, konnte man sie überall erwerben. Die persönlichen Beziehungen waren nicht mehr notwendig und lockerten sich allmählich. Mit ihnen verschwanden auch die Nähe und das Vertrauen, das in ihnen gesteckt hatte. Der Einzug der Geldgesellschaft hat in den neuen Bundesländern mit ihrer Freiheit, Vielfalt und Bequemlichkeit zugleich für viele Einsamkeit und Leere gebracht.

Sicherheit, Gleichheit und Nähe stehen in einem Spannungsverhältnis zur Freiheit. Mehr Freiheit wird in der Regel mit einem Verlust an Sicherheit, Gleichheit und Nähe bezahlt.

63

Politik als Gegengewicht zur Robinsonade

Wenn man Freiheit als die Anzahl der in einem Moment zur Verfügung stehenden alternativen Handlungsmöglichkeiten definiert, dann ist diese einerseits durch die Fähigkeiten und Mittel begrenzt, die dem einzelnen Menschen zur Verfügung stehen. Andererseits ist sie moralisch begrenzt durch die Freiheitsrechte der anderen Menschen und durch die Verpflichtungen und Abhängigkeiten, die aus ihnen entstehen. Diese zweite Begrenzung erzeugt den Hang zur modernen Robinsonade.

Doch gibt es eine weitere, wenig bekannte und äußerst variable Grenze der Freiheit: die anderen Menschen. Diese können durch ihre Fähigkeiten und Mittel den Handlungsspielraum eines einzelnen Menschen bis hin zur Sklaverei einschränken. Sie können den Handlungsspielraum eines Menschen aber auch beinahe unbegrenzt erweitern. Dazu müssen sie lediglich auch nur einen Teil ihrer Mittel und Fähigkeiten zusammenlegen und gemeinsam einsetzen, um ein gemeinsames Ziel zu erreichen. Mit der Anzahl der Bündnispartner steigern sie ihre gemeinsamen Fähigkeiten und damit ihre alternativen Handlungsspielräume um ein Vielfaches. Keine noch so gut ausgestattete Robinsonade kann da mithalten. Doch solche Bündnisse sind ohne persönliche Bindung und Nähe, ohne Vertrauen und Abhängigkeiten nicht möglich. Sie bringen zwar ein Vielfaches der Freiheit der Robinsonade, aber eben eine andere Freiheit voller Bindungen und Konflikte.

Solche Bündnisse sind die Voraussetzung und das wesentliche Instrument der Politik. Ohne Zusammenschluss von Fähigkeiten und Mitteln vieler Menschen zu gemeinsamen Zwecken würde in der Politik nichts gehen. Doch solche Zusammenschlüsse, Parteien, sind keineswegs konfliktfrei. Denn die Mitglieder der unterschiedlichen Parteien treten zwar gemeinsam nach außen auf, konkurrieren aber nach innen um Ämter, Ansehen und um inhaltliche Positionen, die sie gern in der gemeinsamen Zielsetzung berücksichtigt sehen würden.

Politik mit ihren Parteien erweist sich so als eine überraschend neue Weise, den individuellen Freiheitsspielraum zu erweitern ohne sich dazu aus menschlichen Bindungen und Abhängigkeiten lösen zu müssen. Sie wird damit zu einem unverzichtbaren Gegengewicht zu der verkehrten, einsamen und leeren Welt der Geldrobinsonaden. Trotz aller Konflikte, Intrigen, Streitereien und Scheinheiligkeiten, die den Parteien unvermeidlich anhaften, eröffnen sie ihren Mitgliedern Freiheitsräume und Möglichkeiten, das Schicksal der sie umgebenden Welt im eigenen Sinne zu beeinflussen, die den Robinsons immer verschlossen bleiben werden.

Viertes Kapitel
Die braven Folterer – oder: Die notwendigen Grenzen von Macht und Herrschaft

Stellen Sie sich vor: Sie sitzen an einem Pult und schwitzen. Auf dem Pult sind 30 Schieber angebracht. An jedem steht eine Zahl. Es beginnt bei 15 und steigt in 15er Schritten bis 450. Darüber stehen Beschriftungen, mit denen die Schieber in vier Gruppen eingeteilt sind: »Leichter Schock«, »Mittlerer Schock«, »Schwerer Schock« und »XXX«. Offensichtlich sollen die Zahlen die elektrische Spannung in Volt ausdrücken, die mit dem Hochschieben des Schiebers ausgelöst wird. Denn von dem Pult führen Starkstromkabel zu einem elektrischen Stuhl im Nebenraum. Dort ist ein Mensch angeschnallt, den Sie vor wenigen Minuten zum ersten Mal getroffen haben. Beide nehmen Sie an einem Versuch über Lernen und Gedächtnis teil. Beide haben Sie in der Lokalzeitung eine Anzeige gelesen. Für einen durchschnittlichen Stundenlohn wurden Teilnehmer gesucht. Beide haben Sie sich gemeldet und nun sitzen Sie da und schwitzen. Und der andere sitzt dort und schreit.

Man hatte Lose gezogen und so war der andere zum Schüler und Sie zum Lehrer geworden. So kam der eine auf den elektrischen Stuhl und Sie hinter das Pult mit den Schiebern. Sie wissen nichts über den anderen. Er ist Ihnen eigentlich sympathisch. Er war freundlich vorhin bei der Begrüßung. Und nun sitzt er im Nebenraum und schreit.

Man hatte Ihnen und dem anderen gesagt, es gehe darum zu testen, ob Strafen beim Lernen von Begriffspaaren helfen würden. Der Lehrer sollte dem Schüler Wortpaare vorlesen wie »Wind« und »Norden«, »Grill« und »Wurst«. Die sollte sich der Schüler merken. Dann – so hatte der Versuchsleiter aufgetragen – sollte der Lehrer nur den ersten Teil des Wortpaares sagen, zum Beispiel »Wind« und der Schüler den zweiten Teil, zum Beispiel »Norden« ergänzen. Schaffte er das nicht, sollte der Lehrer den ersten Schieber betätigen und damit dem Schüler einen Stromschlag versetzen und ihm dann die richtige Lösung sagen. Machte er wieder einen Fehler, sollte der nächst Schieber hochgeschoben werden, damit ein höherer Stromschlag den Schüler zu einer verbesserten Gedächtnisleistung motiviere. Auch wenn der Schüler zu lange warten oder überhaupt nicht reagieren sollte, musste ein weiterer Schieber mit einem stärkeren Stromstoß hochgeschoben werden. Bevor das Experiment richtig losging, wurde Ihnen, dem Lehrer, ein schwacher Stromstoß von 45 Volt versetzt, damit Ihnen klar war, was Sie dem anderen antun würden.

Dann hatte das Experiment wirklich begonnen. Der Schüler war anfangs sehr lernfähig. Dann gab es die ersten Fehler. Die Stromstärke erhöhte sich Schritt für Schritt. Ihnen, dem Lehrer, kamen erste Bedenken, denn aus dem Nebenraum war ein sich verstärkendes Grunzen zu hören. Beim fünften Schock (75 V) hatte der Schüler zu stöhnen begonnen. Bei 150 Volt hat er erstmals darum gebeten, das Experiment abzubrechen. Da wandten Sie sich an den Versuchsleiter und fragten, ob man jetzt abbrechen könne. Doch der saß ruhig und wie nicht beteiligt da und sagte: »Das Experiment macht es erforderlich, dass Sie weitermachen.« Sie haben weitergemacht. Bei 165 Volt kam der erste Schrei. Bei 180 Volt brüllte der Schüler aus dem Nebenraum: »Ich halte diese Schmerzen nicht mehr aus! Aufhören!« Jetzt sind Sie schon bei über 200 Volt. Sie schwitzen und schauen immer wieder zu dem Versuchsleiter hinüber. Sie schwitzen immer stärker. Sie möchten den Versuch gern abbrechen. Der Versuchsleiter reagiert nicht auf Ihre Bitte. Der Versuchsleiter antwortet ernst und unbeteiligt: »Die Versuchsanordnung macht es notwendig, dass Sie weitermachen.« Sie fragen die nächsten Wörter ab. Der Schüler antwortet nur noch mit schwacher Stimme. Einige Male sind die Antworten richtig. Doch dann macht er wieder einen Fehler. Jetzt ist der nächste Schieber dran. Sie fürchten sich vor dem nächsten Schrei. Sie schauen wieder zum Versuchsleiter hinüber. Der sitzt immer noch ruhig in seinem Stuhl, beinahe gelangweilt und schaut ins Leere. Sie schreien jetzt auch: »Das ist doch unmenschlich. Ich höre jetzt auf.« Der Versuchsleiter sagt ruhig, ohne Sie anzusehen: »Sie haben keine Wahl. Sie müssen weitermachen.«

Werden Sie weitermachen? Werden Sie den nächsten Schieber betätigen? Was meinen Sie? Wären Sie in Wirklichkeit so weit gegangen wie in der Geschichte? Wären Sie ein braver Folterer oder würden Sie ausbrechen, sich weigern und den Versuch abbrechen?

So theoretisch gefragt, entscheiden sich die meisten gegen das Mitmachen. Viele behaupten von sich, dass sie schon bei den ersten Schmerzenslauten den Versuch abbrechen würden, wenn sie sich überhaupt auf so eine Situation einlassen würden. Schließlich seien sie keine sadistischen Folterknechte, sondern zivilisierte Menschen.

Was macht uns zu braven Folterern?

Doch zu Nazi-Zeiten haben viele Millionen Menschen mitgemacht beim Foltern, Erschlagen, Quälen, Erschießen, Vergasen von vielen Millionen Juden, Roma, Polen, Russen, Ukrainern, Homosexuellen, Christen, Linken, Widerständlern und Kriminellen. Waren alle diese willigen Helfer böse Menschen und geborene Sadisten?

Die meisten Dokumente und Gerichtsverfahren zeigen das Gegenteil. Die meisten der Täter waren ganz normale Menschen. Männer, die im zivilen Leben liebevolle Väter und Ehemänner waren, verhielten sich in den KZs, in den Einsatzgruppen oder als Bewacher in den Kriegsgefangenenlagern der Ostfront wie Barbaren, Sadisten und menschliche Teufel: unbarmherzig, grausam und herzlos. Niemand hat die KZ-Wärter zu ihrer Arbeit gezwungen. Niemand hat die Bewacher der Kriegsgefangenen-Lager, in denen Russen und Polen zu Millionen zu Tode gebracht wurden, zu ihrer Arbeit gezwungen. Sie konnten aussteigen und sich auf andere Posten versetzen lassen. Vielleicht wären sie an die Front gekommen, wo alle anderen waren. Aber es gab keinen echten Befehlsnotstand mit der tödlichen Alternative: »Tu deine Folterarbeit oder du wirst selbst erschossen!« Und doch machten sie mit. So wie mein Vater. So wie Millionen andere.

Nach dem Zweiten Weltkrieg meinte man, das läge an der besonderen Geschichte der Deutschen. Sie hatten sich ihre Freiheit nicht wie die Amerikaner, Franzosen und Engländer in einer Revolution erkämpft. Den Deutschen sei die Demokratie und Einheit von oben »geschenkt« worden, von Bismarck und dem preußischen König, der sich dafür zum Kaiser machen ließ. Sie hätten nie gelernt – so heißt es in der Theorie vom deutschen »Sonderweg« –, in einer streitbaren Gesellschaft für ihre eigenen Überzeugungen einzustehen, sondern seien als Untertanen in einer Gemeinschaft der verordneten Harmonie aufgewachsen. Deshalb neigten die Deutschen viel häufiger zu einer »autoritären Persönlichkeitsstruktur«, die sie gehorsam jeden Befehl befolgen lasse, egal welchen grausamen und unmenschlichen Inhalt er habe.

Für eine solche Annahme, dass es menschlichere und unmenschlichere Nationen gebe, spricht einiges. Die Nazis fanden im Zweiten Weltkrieg sehr unterschiedliche Unterstützung bei ihrem grausamen Geschäft. Es gab Nationen, unter denen viele Menschen den Deutschen bereitwillig beim Morden und Foltern geholfen haben (z. B. Rumänien und Polen). Und es gab andere, in denen die Deutschen kaum Helfer fanden oder sogar auf breiten Widerstand stießen, (z. B. in Dänemark und Bulgarien).

Gegen diese Annahme von den Nationalkulturen spricht die Beobachtung, dass es in allen Ländern Menschen gab, die den Nazis Widerstand leisteten und den Verfolgten halfen. Sie waren in den verschiedenen Nationen nur unterschiedlich häufig. Man konnte sich demnach auch bei ungünstigstem kulturellem Hintergrund als Person für Mitmenschlichkeit entscheiden.

Damit wurde es zu einer der wichtigsten Fragen für das Funktionieren von Gesellschaften, was Menschen dazu bringt, sich für Mitmenschlichkeit und Hilfe und gegen das Foltern zu entscheiden. Viele Forscher beschäftigten und beschäftigen sich auch heute noch mit dieser Frage.

Die meisten meinten, es liege an der Erziehung. Wenn die Eltern ihre Kinder schlugen, ihnen keine Gründe für Verbote nannten, sondern einfach Anweisungen erteilten, wenn sie nur mit Tadel und Strafe und selten mit Lob und Zuwendung erzogen, dann – so die Theorie von der autoritären Persönlichkeit – mussten so erzogene Kinder unweigerlich auch als Erwachsene zu gehorsamen Menschen, zu braven Folterern werden.

In anderen Theorien wurde die Meinung vertreten, es läge am gesellschaftlichen Klima. Wenn die Kinder und Erwachsenen um sich herum Zivilcourage erlebten und Unabhängigkeit und Eigenständigkeit gesellschaftlich hoch angesehen seien, wirke das als Vorbild und präge die gesamte Gesellschaft. Wenn Untertanengeist zu Aufstieg und Erfolg führe, und Unabhängigkeit bestraft werde, komme dabei eine duckmäuserische Gesellschaft zustande.

Die grausamen Ergebnisse des Milgram-Experiments

In den sechziger Jahren führte eine Gruppe um Stanley Milgram in den Vereinigten Staaten, im Stammland der Demokratie und Zivilcourage, eine Reihe von Versuchen durch, die alle diese Konzepte infrage stellten. Die Gruppe gab in einer kleinen Universitätsstadt in Neu England eine Anzeige auf, in der die weltberühmte Yale-Universität gegen geringe Bezahlung Teilnehmer an einem Versuch über das Lernen suchte. Wer sich meldete, geriet als »Lehrer« hinter das Pult mit den Schiebeschaltern mit dem schreienden Mann im Nebenzimmer.

Doch die Lose am Anfang waren getrickst. Auf beiden stand »Lehrer«. Die Schreie kamen vom Tonband und es gab keine elektrischen Schocks. In Wirklichkeit ging es in dem Experiment auch nicht um Lernen und Strafe. Es sollte vielmehr die Bereitschaft von Menschen getestet werden, brave Folterer zu sein. Man wollte herausfinden, wie weit normale Menschen gehen würden, wenn man ihnen ohne Zwang, nur unter der Autorität des weißen Labormantels und der universitären Wissenschaft Anweisungen zum Foltern gab.

Milgram fragte zuerst 40 Psychiater einer führenden medizinischen Hochschule in den USA, Experten also in Menschenkenntnis. Sie sollten schätzen, wie viele ganz normale Menschen bis zu der tödlichen Stärke von 450 Volt gehen würden. Die Psychiater waren sich einig, dass die Masse der Versuchspersonen bei 150 Volt aufhören würde – zu dem Zeitpunkt, wenn das Opfer erstmals darum bittet, aus dem Raum befreit zu werden. Im Durchschnitt schätzten sie, würden um vier Prozent aller Versuchspersonen dem Opfer weiterhin Elektroschocks verabreichen, selbst wenn das Opfer nicht mehr auf die Fragen des Schülers reagiere (im Standard-Versuch trat diese Situation bei 300 Volt ein). Weniger als ein Prozent der Versuchspersonen würde in der Einschätzung der Psychiater bis zur höchsten Voltzahl von 450 Volt gehen. Da waren sich die Psychiater einig.

Was schätzen Sie? Wie viele gehen bis 450 Volt? Wie weit würden

Sie gehen, wenn ein Wissenschaftler sich durch die Schreie nicht beunruhigt zeigt und Ihnen nüchtern versichert, dass Sie keine andere Wahl haben, als weiterzumachen? Als die Versuchspersonen in einer Variante des Versuchs gebeten wurden, selbst vorauszusagen, wann sie aufhören würden, meinten alle, dass sie schon bei niedrigen Voltzahlen aufhören würden.

Der Versuch ist in vielen Kulturen wiederholt worden. Auch in Deutschland. Man nahm fest an, dass die Deutschen besonders gehorsam sein würden. Weil der Versuch anfangs immer nur mit Männern durchgeführt worden war, wiederholte man ihn mit Frauen. Man nahm fest an, dass Frauen viel seltener bereit wären, andere Menschen zu quälen.

Ob Deutsche, Amerikaner, Australier oder Frauen, überall machten über zwei Drittel aller Versuchspersonen mit bis zum Schluss. Sie hörten nicht bei 150 Volt auf, als das Opfer darum bat, den Versuch abzubrechen. Sie hörten auch nicht bei 300 Volt auf, als das Opfer keinen Laut mehr von sich gab. Sie gingen die volle Strecke bis zu den tödlichen Stromstößen von 450 Volt.

Es gab keine wesentlichen Unterschiede zwischen den Kulturen oder Geschlechtern. Die Deutschen waren nicht schlimmer und die Frauen nicht besser als die anderen Menschen. Alle waren sie bereit, ihnen völlig unbekannte Menschen in einer völlig undramatischen Situation zu foltern, ohne jeden Anlass zu Rache, Hass oder sonstigen negativen Einstellungen gegen ihre Opfer – einfach so, weil es eine gleichgültig vorgetragene Anweisung von einem Versuchsleiter im weißen Laborkittel gab.

Sie taten es selten freiwillig und freudig. Sie schwitzten, protestierten, zitterten, begannen zu stottern, zeigten alle Zeichen von Stress. Doch wenn der Versuchsleiter ruhig blieb und sie mit gleichgültiger Stimme aufforderte, weiterzumachen, folterten dennoch über zwei Drittel brav weiter bis zum bitteren Ende. Auch die wenigen, die vorher abbrachen, machten bis zu Voltzahlen mit, die keiner der Experten vorher für möglich gehalten hätte und die auch die Versuchsteilnehmer in ihrer Selbsteinschätzung vor dem Experiment weit von sich gewiesen hatten.

Wenn über zwei Drittel der Versuchsteilnehmer in unterschiedlichen Kulturen und in unterschiedlicher Zusammensetzung mitmachen, weshalb sollten wir eine Ausnahme sein? Wenn überall zwei Drittel und mehr bei dem Experiment bis zum Schluss mitmachen, sind wahrscheinlich auch zwei Drittel von uns, ja zwei Drittel in uns, bereit, bis zum Schluss zu gehorchen.

Wenn wir Glück haben, ist das eine rebellische und mutige Drittel in uns gerade wach und auf dem Sprung, wenn wir in eine vergleichbare Situation geraten. Dann können wir hoffen, dass wir zum Helden werden und das Foltern verweigern.

Was ist es, was uns zum Helden und was uns zum Folterer macht? Das ist eine überaus wichtige Frage. Denn die Antwort könnte man benutzen, um mit ihrer Hilfe Gesellschaften zu konstruieren, in denen so etwas wie bei den Nazis nicht mehr möglich wäre. Sind es die Umstände oder die Persönlichkeit? Das herauszufinden, war Aufgabe der Milgram-Experimente. Ihr wichtigstes Ergebnis sollte sein, Bedingungen aufzuzeigen, unter denen alle Menschen das Foltern ohne großen Aufwand ganz verweigern würden. Denn noch besser als eine Gesellschaft, die viele Helden hat, ist eine, die gar keine Helden braucht. Tatsächlich hat Milgram die Versuchsbedingungen immer wieder verändert, um verschiedene Hypothesen zu testen und herauszufinden, was die Menschen brauchen, um mutig zu sein.

Die Mitleidshypothese

Zuerst hat er auf das Mitleid gesetzt. Er hat das Opfer zum Täter in den Raum geholt, es ihm gegenüber gesetzt und die Täter gezwungen, das Leiden, das sie zufügen, nicht nur zu hören, sondern direkt zu sehen. Tatsächlich sank die Bereitschaft, bis zum bitteren Ende mitzumachen auf 40 Prozent, aber das war immer noch zuviel.

Dann verschärfte Milgram die Bedingungen weiter. Das Opfer schüttelte in seinen Schmerzzuckungen die Elektroden ab und die Täter mussten sie ihm selbst wieder ankleben. Wieder sank die Bereitschaft, bis zum Schluss zu gehen, ein wenig.

Dann mussten die Täter dem Opfer die Elektroden bei jedem Stromstoß, selbst auf die Haut drücken. Selbst dann gingen noch 30 Prozent der Versuchsteilnehmer bis zum vermeintlich tödlichen Ende von 450 Volt.

Mitleid wirkte, aber lange nicht stark genug, um das Foltern ganz zu verhindern.

Übertragen auf moderne Gesellschaften wäre Mitleid auch kaum ein geeignetes Mittel um das Morden zu verhindern. In ihnen gibt es immer weniger Situationen, in denen man das Leiden noch selbst miterlebt, das man anderen zufügt. In einer hochtechnisierten Geldgesellschaft brauchen sich die Menschen zum einander Quälen nicht mehr direkt zu begegnen. In modernen Kriegen sehen sich die Gegner kaum noch. Sie merken nichts vom Töten. Sie drücken Knöpfe, jagen Geschosse hoher Wirkungskraft in Planquadrate, in denen sie den Gegner vermuten oder per Radar geortet haben. Dort sucht sich die Waffe selbsttätig ihr tödliches Ziel. Es ist alles wie ein Computerspiel, das ohne Reue und Hass mit Geschick und höchster Aufmerksamkeit zur Perfektion, zur maximalen Trefferquote, gebracht wird.

In der Wirtschaft teilt man dem Untergebenen, den man entlassen oder degradieren will, aus großer Distanz mittels Technik (Post, Telefon, Fax, E-Mail, messaging) sein Schicksal mit, betont, dass es nicht persönlich gemeint ist und man leider durch die Marktlage dazu gezwungen sei. Da braucht man keinen Hass und kein Mitleid. Das wird ganz unpersönlich gemacht.

Auch die gegnerische Firma wird indirekt erledigt. Da braucht man nie miteinander zu reden. Der Bankrott kommt über den Markt. Wenn man mit den Preisen unter die Gestehungskosten des Konkurrenten gehen kann, ist es aus mit ihm, ohne dass man je ein Wort wechselt. Mitleid hat keine Chance.

Die Erziehungshypothese

Als nächstes setzte Milgram auf die Erziehung. Möglicherweise unterschieden sich die Gehorsamen von den Ungehorsamen durch ihre Erziehung, und man könnte die Gesellschaft entsprechend ändern, indem man einen bestimmten Erziehungsstil fördert. Persönlichkeitstests und Erforschung der Lebensläufe zeigten bei den gehorsamen Versuchteilnehmern tatsächlich eine stärkere Neigung zu autoritären Einstellungen. Sie hatten auch häufiger beim Militär gedient, hatten weniger Schuljahre hinter sich, arbeiteten häufiger in technisch-naturwissenschaftlichen Bereichen als in sozialen Berufen und waren im Durchschnitt jünger.

Doch waren das lediglich statistische Unterschiede, d.h. sie zeigten im Nachhinein an, welche Eigenschaften bei den Gehorsamen mit größerer Wahrscheinlichkeit auftraten als bei den Verweigerern. Diese Unterschiede erklärten aber nichts. Denn es gab auch unter den Ungehorsamen genügend Teilnehmer, die jünger waren, die beim Militär gedient hatten und aus technischen Berufen mit geringerer Bildung kamen. Was bewirkte bei ihnen die Entscheidung gegen das Foltern? Was war bei ihnen vorhanden, was den anderen fehlte? Vielleicht waren es nicht die Eigenschaften der Person, sondern die Besonderheiten der Situation, die über Gehorsam oder Widerstand entschieden.

Die Bedeutung der Selbstdarstellung von Macht

Tatsächlich sank der Anteil der Gehorsamen drastisch, wenn man die Situation so veränderte, dass die Autorität des Versuchsleiters infrage gestellt wurde: Die Milgram-Gruppe verlegte das Experiment aus den Räumen der renommierten Universität in eine schmuddelige Fabrikhalle. Sofort sank der Prozentanteil derjenigen, die bis zum Schluss weiterfolterten, auf unter fünfzig Prozent, etwa so viel, wie zuvor nur die massivste Konfrontation mit dem Leiden der Opfer (die Mitleidshypothese) erreicht hatte.

Das ist eine Lehre, die von allen Inhabern der Macht seit alters her beherzigt wird und beherzigt werden muss. Macht muss glänzen. Macht muss einschüchtern. Macht muss protzen. Sie muss sich unangreifbar, fehlerfrei und überlegen darstellen, wenn sie darauf hoffen will, als Herrschaft anerkannt zu werden. Weil die Wissenschaftler in Milgrams Experiment im Namen einer der berühmtesten Universitäten der USA, der Yale University, und im Namen der Wissenschaft aufgetreten waren und weil ihr Auftreten mit dem übereinstimmte, was Menschen von Wissenschaftlern einer berühmten Universität erwarteten, erhielten sie selbst unter Stress Gehorsam. Autorität bestätigt sich durch autoritatives Auftreten, durch eine herrschaftliche Erscheinung. Deshalb haben früher die Königs- und Kaiserhäuser, die Kirchenoberhäupter, heute die Parlamente, Gerichte, die Minister und Ministerpräsidenten ihre seltsamen Gebräuche und Gewänder, ihre prunkvollen, umständlichen Rituale, ihre protzigen Bauten mit ihrer einschüchternden Architektur, ihre Umzüge und Aufmärsche. Dieser Teil der symbolischen Politik erzeugt Gehorsam auf der ganzen Linie, schüchtert ein und macht Zivilcourage schwieriger.

In modernen Demokratien kommt die Herrschaft bescheidener daher. Doch der neue Reichstag in Berlin, das neue Bundeskanzleramt, Schloss Bellevue und das neue Präsidialamt, der Einzug der Verfassungsrichter in ihren roten Roben, die Polizeieskorten zu den Staatskarossen, Ämterhierarchie und Titel präsentieren weiterhin eine glänzende symbolische Oberfläche der Staatsmacht, die genügend einschüchtert, um der Macht den nötigen Gehorsam zu verschaffen, der sie in Herrschaft verwandelt. Zivilcourage, eigenständiges Denken, Widerstand wird da unwahrscheinlich.

Eine weniger selbstherrliche Selbstdarstellung der Macht ist aber – das zeigte das Experiment – ein genauso wenig wirksames Rezept gegen den Gehorsam der Folterer, wie das Setzen auf das Mitleid mit den Opfern.

Distanz macht mitleidlos

Das zeigte drastisch die nächste Veränderung in der Versuchssituation: Statt mit einem einzigen »Lehrer« wurde nun ein zweiter – eingeweihter – Lehrer in den Raum gesetzt. Dieser führte die Stromstöße aus, fügte also scheinbar das schlimme Leid zu. Der wirkliche »Lehrer«, die Versuchsperson, gab lediglich die Befehle zum Foltern.

In dieser Konstellation stieg der Anteil der Versuchspersonen auf 92,5 Prozent, die es duldeten, dass in ihrem Namen und auf ihren Befehl einer ihnen unbekannten und offensichtlich unschuldigen, zufällig anwesenden Person tödliche Stromstöße bis zu 450 Volt versetzt wurden.

Das macht verständlich, warum die Schläger, die Ausländer durch Straßen deutscher Städte jagen, kaum jemals fürchten müssen, dass ihre Opfer Beistand finden in der Bevölkerung. Es ist viel leichter, vor sich selbst Ausreden zu finden, wenn jemand anderes der Böse ist.

Wenn aber jemand als Vorbild wirkt und sich den Anweisungen der Autorität entgegenstellt, wirkt das Wunder. Wenn Milgram einen – eingeweihten – zweiten Lehrer in das Experiment einbaute, der sich früh weigerte die Stromstöße auszuführen, machten nur noch zehn Prozent der Versuchsteilnehmer weiter bis zum Schluss. In der Gegenwart von Mutigen werden auch die Feigen mutig.

Das allgemeine gesellschaftliche Klima, die politische Kultur, der Zustand der Zivilgesellschaft sind demnach entscheidend für den Spielraum, den die Folterer haben. Eine aufmüpfige, widerständige Zivilgesellschaft begrenzt ihre Macht. Darum können sich die Regierungen in Gesellschaften mit einer zivilgesellschaftlichen Tradition wie England, Amerika oder Frankreich nicht so leicht autoritäre Anmaßungen erlauben wie die Regierungen von Gesellschaften ohne solche Traditionen wie etwa in Russland, Jugoslawien und Deutschland, bevor es selbst demokratische und aufmüpfige Traditionen entwickelte.

Wenn die Autorität versagt

Die Rolle des Lehrers war als Erklärung für das Verhalten der Folterer ausgereizt. Alle denkbaren Varianten waren durchgespielt worden mit dem Ergebnis, dass man auf Zivilcourage setzen muss. Doch wo soll die herkommen, wenn sie noch nicht existiert?

Nun blieb dem Team um Milgram nur noch eines übrig. Sie mussten die Versuchssituation auf der Seite der Versuchsleitung variieren. Das war besonders spannend, denn wenn man die Versuchssituation auf die Gesellschaft übertrug, entsprach der Versuchsleitung in der Gesellschaft die Regierung. Gab es eine Konstellation, die so wirkte, dass die Menschen sich nicht zum braven Folterer machen ließen?

In einer ersten Variante gab der Versuchsleiter seine Anweisungen, verließ dann aber den Raum. Danach waren immerhin nur noch 25 Prozent so brave Bürger, dass sie selbstständig ohne Aufsicht bis zum Ende weiterfolterten. Doch 75 Prozent brachen vorher ab. Viele hielten sich nicht mehr an die Regeln. Sie gaben nur noch schwache Schocks oder sagten dem Schüler die Antworten vor.

Das ist auch das Ergebnis kriminologischer Forschung: Die Regeln bricht, wer meint, er käme damit ungestraft und unerkannt davon. Deshalb ist es für den Zusammenhang der Gesellschaft und die Sicherheit der Bürger in einer Gesellschaft wichtig, dass die Einhaltung der Normen nicht nur durch die Polizei, die nicht überall sein kann, sondern durch die Bürger und Bürgerinnen selbst mit ihrem Sinn für Recht und Gerechtigkeit überwacht und durchgesetzt werden. Doch ihnen folgt man weniger als der Autorität selbst.

Das zeigt eine weitere Variante des Milgram-Experiments. Jetzt wurde der eigentliche Versuchsleiter nach den ersten Instruktionen per Telefon aus dem Raum gerufen, und zwar bevor er sagen konnte, dass mit jedem Fehler ein stärkerer Stromstoß versetzt werden sollte. Dann betrat ein Vertreter des Versuchsleiters den Raum und verkündete diese Regel. Unter solchen Bedingungen machten noch weniger Versuchspersonen bis zum Ende mit (20 Prozent) als wenn der Versuchsleiter ganz abwesend war. Das ist erstaunlich. Denn es zeigt, dass einem abwesenden Versuchsleiter, der für legitim gehalten wird, auch dann gehorcht wird, wenn er nicht im Raum ist, während einem Versuchsleiter, den man nicht für ganz legitim hält, weil er neue Regeln aufstellt, selbst dann weniger gehorcht wird, wenn er im Raum ist.

Demnach muss man etwas an der Legitimität der Autorität ändern, wenn man den automatischen Gehorsam der braven Folterer aufbrechen will.

Streit als Voraussetzung der Zivilcourage

Dazu setzte Milgram zwei Leiter ein, die sich gegenseitig widersprachen. Ab 150 Volt forderte der eine von ihnen, den Versuch abzubrechen, während der andere darauf bestand, weiterzumachen. Von 20 Versuchspersonen brach einer den Versuch sofort ab. 18 gingen noch eine Stufe weiter, brachen dann aber auch ab. Nur einer ging auch noch eine Stufe weiter. Keine einzige der Versuchspersonen, null Prozent also, zog den Versuch bis zu den 450 Volt durch, wo doch unter allen anderen Bedingungen zwischen 20 und 92,5 Prozent bis zum bitteren Ende gegangen waren. Es war ein sensationelles, ein ermutigendes Ergebnis. Was bedeutet es?

Eine mutige und menschliche Gesellschaft muss nicht auf Helden warten, um Wirklichkeit zu werden. Der Mut und die Menschlichkeit der Menschen hängt nicht von den Eigenschaften der Menschen ab, sondern von der Organisation der Gesellschaft. Mut und Menschlichkeit können sich nicht entwickeln, wenn es nur eine Autorität gibt, die mit einer Stimme spricht. Dann brechen die Menschen ein und folgen – mit Widerstreben zwar, aber sie folgen – den widerlichsten Anweisungen. Sobald es aber mehrere sich widersprechende legitime Autoritäten gibt, ändert sich die Situation völlig. Jetzt sind die Menschen gezwungen, für sich selbst zu denken und zu entscheiden. Und dann wählen die meisten die Menschlichkeit.

Frankreich, England und Amerika haben nicht deshalb die besseren Zivilgesellschaften, weil es dort mehr mutige Menschen gibt. Die Ergebnisse der Milgram-Experimente waren dort nicht günstiger als in Deutschland. Sie haben vielmehr deshalb mehr mutige Menschen, weil es dort seit Jahrhunderten Gewaltenteilung und eine parlamentarische Demokratie gibt, in der sich die Autoritäten widersprechen und streiten. Genau das, was so viele Menschen an der Politik hassen, geschieht dort seit Jahrhunderten. Regierung und Opposition streiten sich. Regierung und Parlament streiten sich. Ober- und Unterhaus widersprechen sich. Das Verfassungsgericht widerspricht Parlament und Regierung. Bei Wahlen wird gestritten bis aufs Messer. Die Regierung wird abgelöst und die neue Regierung und neue Opposition streiten sich weiter. Das zwingt die Bürger und Bürgerinnen dazu, sich selbst ein Bild zu machen, sich selbst zu entscheiden.

Diesmal ist es nicht der Engel Satan, sondern der Sozialwissenschaftler Milgram, der uns eine paradoxe Erkenntnis vermittelt. Wir, die wir in Deutschland so sehr auf Harmonie und Übereinstimmung setzen, die wir gerne hätten, dass alles einvernehmlich entschieden wird, müssen einsehen, dass der Streit, den wir in der Politik so verabscheuen, der sie uns so unsympathisch macht, genau die Bedingung ist, ohne die wir alle eine sehr geringe Chance haben, gute Menschen zu sein.

Wenn die Brecht'sche Regel gilt, dass eine Gesellschaft, die keine

Helden braucht, viel besser ist als eine, die viele Helden hat, dann ist die Streitgesellschaft die bessere Gesellschaft als die von uns so sehnlich erhoffte Gesellschaft der Harmonie und der Wahrheit. Eine streitgewohnte Gesellschaft braucht keine Helden. Sie braucht nur Mitdenken.

Fünftes Kapitel
Die Eine-Million-Pfund-Note – oder: Der Unterschied zwischen symbolischer und praktischer Politik

In einer anderen Geschichte von Mark Twain hat ein schlimmer Sturm den Helden, einen naiven, aufgeweckten Kleinstadtamerikaner, der mit seinem Freizeitboot zu weit hinausgesegelt war, so weit über den Atlantik Richtung Osten getrieben, dass ihm nichts anderes übrig blieb, als sich bei den vorherrschenden Westwinden auf ein zufällig vorbeifahrendes Schiff zu retten. Das war aber auf dem Weg nach London. So geriet der naive Kleinstadtamerikaner mittellos in die große Stadt. Denn der Kapitän des Schiffes, das ihn gerettet hatte, ließ ihn für Kost und Logis arbeiten und setzte ihn, da er in Richtung Afrika weiterfuhr, in London ohne Geld von Bord. Der Kleinstadtamerikaner zog durch die Straßen Londons auf der Suche nach Essen und bückte sich in seiner Not sogar nach weggeworfenen Essensresten.

Da wurde er überraschend von einem livrierten Diener angesprochen und in ein herrschaftliches Haus gebeten. Dort empfingen ihn zwei ältere Herren in einem prunkvoll eingerichteten Salon und überreichten ihm einen Umschlag mit den besten Wünschen und der Anweisung, ihn erst abends zu öffnen. Kaum aus dem Haus, konnte der hungrige Amerikaner seine Neugier und seine Hoffnung auf eine Wende in seinem Schicksal nicht mehr bezähmen und öffnete den Umschlag. Darin sah er eine große, ihm unbekannte Geldnote. In seiner Hoffnung bestätigt, steckte er den Umschlag weg und suchte nach einem Wirtshaus, wo er eine Riesenportion zu essen bestellte. Der Wirt taxierte sein Äußeres, seine abgerissene Erscheinung und wollte ihm nichts geben. Da zog der seltsame Gast seinen Umschlag hervor und zeigte dem Wirt die Geldnote. Dieser erstarrte, wollte seinen Augen nicht trauen, prüfte die Note, starrte seinen Gast ungläubig an, gab die Note zurück und verwandelte sich in einen zuvorkommenden, geradezu servilen Gastgeber, der sofort die Bestellung annahm und Gratisgetränke auftischte. Denn es war eine Eine-Million-Pfund-Note. Natürlich konnte der Wirt nicht wechseln. Niemand konnte wechseln. Aber bei einem offensichtlich so wohlhabenden Mann war Kredit kein Problem, wenn er auch etwas seltsam gekleidet war. Aber manchmal kamen die Reichen auf verrückte Ideen. Und bei den Amerikanern wusste man sowieso nie, woran man war.

Nun studierte auch der Amerikaner die Geldnote und merkte, zu welch einem Vermögen er so unversehens gekommen war. Das musste ein Irrtum sein. Doch da war noch ein Begleitbrief in dem Umschlag. Darin stand, dass seine Gönner miteinander eine Wette geschlossen hätten. Damit sich entscheiden könne, wer gewonnen habe, seien sie auf seine Hilfe angewiesen. Er möge doch die beiliegende Geldnote für einen Monat in Verwahrung nehmen. Er habe wie ein ehrlicher Mann gewirkt und darum hätten sie, die Geldgeber, volles Vertrauen, dass er nach einem Monat mit dem Geld wieder zu ihnen zurückkehren und berichten werde, was in der Zwischenzeit mit ihm geschehen sei. Der verdutzte Empfänger dieser Notiz saß minutenlang wie vom Blitz getroffen da, aß dann aber doch mit großem Appetit, unterschrieb beim Wirt einen Schuldschein und eilte zurück zu dem Haus, in dem ihm der Umschlag ausgehändigt worden war. Doch da reagierte niemand auf sein stürmisches Klopfen. Er wartete und versuchte es immer wieder. Aber niemand antwortete ihm. Offensichtlich war er für den nächsten Monat Besitzer der Eine-Million-Pfund-Note. Er konnte dieser Einsicht nicht weiter ausweichen.

Der Mann ging zu einer Bank, um dort die Note wechseln zu lassen. Doch auch die Bank hatte nicht so viel Bargeld. Stattdessen räumte sie ihm gegen Hinterlegung der Note ein Guthaben im Wert der Note ein. Damit kleidete er sich neu ein. Sein Reichtum sprach sich schnell herum. Überall wurde er äußerst zuvorkommend und freundlich als der skurrile Millionär aus Amerika behandelt. Man lud ihn ein. Man unterbreitete ihm lukrative Angebote für Geldanlagen, Projekte. Einem Freund aus Amerika, den er auf einem zu seinen Ehren veranstalteten Fest zufällig traf, dessen Aktien wegen Geldmangel und auslaufenden Krediten radikal an Wert verloren hatten und der sich vor dem Bankrott sah, konnte er helfen, indem er ihm erlaubte, ihn, den Inhaber der Million-Pfund-Note, bei seinen Geldgebern als Sicherheit zu nennen. Zum Ausgleich übergab ihm der Freund ein großes Paket der wertlos gewordenen Aktien. Deren Wert stieg jedoch mit der Nachricht von der Garantie für die Kredite in wenigen Tagen rasant und Abschlüsse kamen zustande, die zu weiteren Wertsteigerungen führten. Noch vor Ablauf der Monatsfrist war aus dem bloß virtuellen Millionär ein echter geworden. Er konnte die Million-Pfund-Note zurückgeben und aus einem Reichtum schöpfen, den er mit ihrer Hilfe selbst erwirtschaftet hatte. Er war dabei ein anderer Mensch geworden, der sich auf dem Parkett der großen Welt in London mit Lässigkeit und Selbstbewusstsein bewegen konnte.

Genau darum hatten seine Gönner gewettet. Einer von ihnen war fest davon überzeugt, dass die Eine-Million-Pfund-Note zu nichts zu gebrauchen sei, weil sie keiner wechseln könne. Der Inhaber müsse als reicher Mann hungern und könne trotz des Geldes in seiner Tasche an seiner Situation nichts verändern. Sein Partner wettete dagegen, das Symbol von viel Geld habe dieselbe Wirkung wie wirkliches Geld. Der Inhaber des Symbols müsse die Substanz der Symbolik nie unter Beweis stellen. Die Symbolik genüge, um ihm zu Reichtum und Ansehen zu verhelfen.

Symbolische und praktische Politik

So ist es auch häufig in der Politik: Der glaubwürdige Schein, das überzeugende Symbol für Erfolg und Kompetenz kann genauso gut und genauso viel bewirken wie wirklicher Erfolg und wirkliche Kompetenz. Man kann sogar sagen: Die meisten Wahlen werden durch symbolische Erfolge und nicht wegen der Erfolge in der tatsächlich stattgefundenen praktischen Politik gewonnen. Wenn es einer Partei gelingt, den Eindruck von Kompetenz, Zuverlässigkeit und Sicherheit zu vermitteln, dann gewinnt sie Wahlen unabhängig davon, wie viel Kompetenz, Zuverlässigkeit und Sicherheit sie tatsächlich bieten kann.

Denn die Menschen werden von Symbolen stärker, weil emotional, angesprochen als von rationalen Argumenten. Symbole, etwa der

Kanzler, der mit sorgenvoller aber kompetent-selbstbewusster Miene zwischen Sandsackbarrieren an der überfluteten Elbe steht oder das Bild vom Gegenkandidaten mit seiner blonden Gattin vor bayerisch-heiler Bergkulisse, wirken unbewusst und diffus auf den ganzen Menschen ein und machen ihn emotional geneigter, ohne dass er weiß weshalb. Praktische Politik bringt, wenn sie gut gelingt, für viele Menschen Verbesserungen in einzelnen Bereichen. Die werden zwar rational registriert und emotional erlebt, doch sie betreffen immer nur einen mehr oder weniger kleinen Teilbereich des Lebens, nie die ganze Person. Praktische Politik kann über Jahre hinweg ständige Verschlechterungen bringen und dennoch bleiben die Betroffenen symbolisch-emotional an ihre Partei gebunden. So blieben die meisten Bauern treue CDU-Wähler, obwohl während der Ära Kohl ihr Einkommen verglichen mit anderen gesellschaftlichen Gruppen kontinuierlich sank. Ähnliches gilt für die Arbeiter der Kohle- und Stahlindustrie im Ruhrgebiet und Saarland, die seit der Mitte der sechziger Jahre von einer Werksschließung nach der anderen bedroht wurden und dennoch treu zur SPD standen.

Praktische Politik ist das Kleingeld der Politik, unspektakulär, unemotional, kleinkariert. Von ihr sind die Menschen immer nur in Teilbereichen betroffen und nicht als emotionale Gesamtwesen wie bei der symbolischen Politik. Symbolische Politik ist Glanz und Gloria, der große Schein, der mit großer Geste ausgegeben wird. Darum ist symbolische Politik in der Regel der Schlüssel zur Macht. Mit ihr werden Wahlen gewonnen. Mit praktischer Politik wird das Land zwar gestaltet und verändert. Mit ihr gewinnt man aber keine Herzen. Darum ist symbolische Politik so wichtig. Sie bindet Loyalitäten nicht nur an einzelne Politiker oder Parteien, sondern an das politische System insgesamt.

Praktische Politik in Aktion

Tatsächlich ist es kaum menschenmöglich, sich einen wirklichen Überblick über die praktische Politik zu verschaffen. Denn in einer Wahlperiode, die vier Jahre dauert und die es bei der Wahl zu beurteilen gilt, werden über 600 Gesetzesvorlagen in den Bundestag einge-

bracht. Nur etwa hundert davon schaffen es bis zum Bundespräsiden-
ten und werden wirklich Gesetz. Aber alle müssen beraten, in den
Ausschüssen vorbereitet und in Anhörungen den Experten und inte-
ressierten Verbänden zur Stellungnahme vorgelegt werden. Dazu
kommen noch unzählige Verordnungen.

Vieles davon handelt von speziellen, abgelegenen Details; es geht
etwa um die minimale Größe einer EU-Banane oder die erlaubten
Zusätze bei Qualitätswein. Solche Details sind zwar für die betroffenen Branchen, hier die Landwirtschaft, entscheidend. Darum haben
die Bereiche, z. B. die Agrarverbände, ihre Lobbyisten immer in der
Nähe der Politiker platziert oder – noch besser – als Mitglieder des
Bundestages gleich in der Politik. Für alle anderen Menschen sind
solche Fragen irrelevant, wenn nicht lächerlich. Anderes – wie die
Rentenreform – verändert das Leben nahezu aller, ist aber eine so
komplexe Materie, dass nur noch Experten die Details kennen und
verstehen können. Das ist jedoch das typische Feld der praktischen
Politik. Experten und Betroffene, die tagtäglich mit der Materie zu
tun haben und oft parteipolitisch überhaupt nicht interessiert sind,
sondern als Lobbyisten eine bestimmte Interessengruppe vertreten
und nur am Ergebnis interessiert sind, werden von den Gesetzgebern
angehört. Ihre gegensätzlichen und sich ergänzenden Expertisen
werden beraten bei der Entscheidung über technische Details und bei
der Suche nach Regelungen, die möglichst alle Fälle sinnvoll und gerecht erfassen.

Meist sind die Gesetzesvorlagen jedoch sehr spezielle Regelungen, die nur einen kleinen Sektor der Bevölkerung betreffen, einmal
die Landwirte, dann die Zahnärzte, die Wirte oder die Spediteure
oder die Forellenzüchter. Meist sind es Änderungsgesetze, in denen
nicht einmal der Zusammenhang zur alten Regelung deutlich wird.
Jedem Gesetzesvorhaben sind Begründungen, Expertisen, Haus-
haltsberechnungen, Minderheitenvoten beigegeben. Nicht einmal
die Abgeordneten können die Flut an Papier, die sie als Bundestags-
drucksache jede Woche zugestellt bekommen, durcharbeiten und
überblicken.

Darum muss sich praktische Politik arbeitsteilig organisieren. In
jeder Partei müssen sich die Abgeordneten auf bestimmte Gebiete
spezialisieren und sich so gut in das Gebiet einarbeiten, dass sie den

Ministerialbürokraten und den Lobbyisten, die ein Leben lang nichts anderes machen als ein bestimmtes Detailgebiet zu beackern, Paroli bieten können. Die Lobbyisten sind hauptberufliche Vertreter von Verbänden, zum Beispiel der Landwirtschaft, der Industriebranchen, der Gewerkschaften, aber auch von Naturschutzgruppen wie Greenpeace oder BUND, deren einzige Aufgabe es ist, dafür zu sorgen, dass die Verordnungen und Gesetze die Interessen ihres Verbandes möglichst genau berücksichtigen, jedenfalls aber sich nicht gravierend gegen sie auswirken. Sie bringen in der Regel sehr viel Sachverstand und Personal und häufig beträchtliche Geldmittel auf, um ihre Zwecke durchzusetzen und ihre Interessen als das Gemeinwohl auszugeben. Sie können Gutachten von international renommiertesten Wissenschaftlerinnen und Wissenschaftlern beschaffen. Sie können mit Werbekampagnen jedes Sachthema zum Thema der symbolischen Politik machen und es der Kompetenz der Parteiexperten entziehen. Sie können mit Wahlkampfspenden und Investitionen in bestimmten Wahlkreisen zwar in der Regel keine Politiker kaufen, aber sie doch zwingen, sich dreimal zu überlegen, ob sie in einer Detailfrage gegen das heftig geäußerte Interesse eines solchen Lobbyisten entscheiden. Es ist schwer gegen ihre Macht und ihre Expertise anzukommen. Zum Glück gibt es in den meisten Fragen viele sich gegenseitig widersprechende Interessen, so dass die Expertinnen und Experten der Parteien die unterschiedlichen Lobbyisten gegeneinander ausspielen und sich das Expertenwissen des einen gegen das des anderen zu Nutze machen können. Doch all dies müssen sie mit im Vergleich zu den Lobbyisten geringsten Mitteln und Personal erreichen.

Erst wenn sie einen Ministerposten innehaben, steht ihnen ein Regierungsapparat mit vielen Experten zur Verfügung, die ihnen zuarbeiten. Doch bei diesen Ministerialbürokraten können sich weder die Minister oder Ministerinnen noch die Parlamentarier jemals ganz sicher sein, ob diese dem parteipolitischen Anliegen ihrer Auftraggeber folgen. Häufig hat die Verwaltung eigene Interessen. Die Minister kommen und gehen, die Verwaltung bleibt bestehen. Da sich die politische Führung eines Ministeriums sowieso nur um ausgewählte Fragen kümmern kann, bleiben viele Detailfragen der Verwaltung selbst überlassen. Auch sie verfügt deshalb über eine Expertise und einen langen Atem, dem ein Abgeordneter oder eine Abgeordnete kaum etwas entgegenzusetzen hat.

Im Wesentlichen müssen die Abgeordneten die gesamte Arbeit der praktischen Politik, etwa der Finanzpolitik, selbst leisten gegen den versammelten Sachverstand und die Mitarbeiterstäbe der Lobbies und Verwaltungen. Für dieses mühsame Geschäft interessiert sich jedoch kaum jemand aus ihrem Wahlbezirk, höchstens diejenigen, die selbst Experten oder direkt Betroffene sind. Und dennoch hängt das Schicksal eines Abgeordneten oder einer Abgeordneten an der guten Arbeit im Ausschuss. Denn in den Ausschüssen und Anhörungen stehen sie im Wettkampf mit den Expertinnen und Experten der anderen Parteien und dürfen sich nicht blamieren. Mangelnde Expertise, Unwissen, schwache Verhandlungstaktik, lückenhafte Vorbereitung, jeder Fehler wird bemerkt und spricht sich schnell herum und wird von den gegnerischen Parteiexperten, vor allem aber von den politischen Konkurrenten in der eigenen Partei zum eigenen Vorteil genutzt.

Die praktische Politik in Berlin gewinnt jedoch keine Wahlen. Die werden im Wahlkreis gewonnen. Dort zählt die symbolische Politik: die Anwesenheit bei Feuerwehrfesten, bei Vereinsjubiläen, bei der Eröffnung der Kirmes oder einer Messe, beim Empfang eines prominenten Besuchers aus dem Ausland im Rathaus oder bei der Einweihung einer neuen Straße. Bei jedem Ereignis, bei dem die Presse Bilder bringt, muss man vorne dran und auf dem Bild sein. Um die Ausschussarbeit in Berlin kümmert sich dort kaum jemand. Deshalb halten sich in Berlin auch Abgeordnete über viele Jahre, die in der praktischen Politik kaum Vernünftiges leisten, in ihrem Wahlkreis aber dicke Mehrheiten erzielen. Die praktische Politik in den Ausschüssen ist nur von Bedeutung, wenn man in Berlin innerhalb der Partei Karriere machen will. Dann zählt, ob man sich in einer Diskussion mit guten Argumenten und Sachkenntnissen durchsetzen kann. Dann zählt, ob man bei den Experten der anderen Parteien als ein Experte und Verhandlungspartner anerkannt ist. Dann kann man in der Fraktion aufsteigen und bekommt vielleicht sogar einmal ein Ministeramt, wenn die Partei die Regierung stellt.

Für politisch besonders wichtige und schwierige Detailgebiete, für die es einer jahrelangen Einarbeitungszeit bedarf, etwa der Sozial-

oder Gesundheitspolitik, leisten sich die Parteien in großen Landesverbänden reine Experten der praktischen Politik. Diese kommen regelmäßig auf einen sicheren Listenplatz, nur weil sie in einem strategisch wichtigen Teilgebiet der Politik besonders erfahren und in der Auseinandersetzung mit Verbänden und Verwaltung besonders gut sind. Häufig bleiben diese außerhalb ihres Fachgebietes ein Leben lang unbekannt und tauchen in der symbolischen Politik nie auf.

Da kein Mensch alle Details aller Sachgebiete überschauen kann, müssen sich die anderen Mitglieder der Partei im Bundestag, die Fraktion, auf ihren Experten oder ihre Expertin verlassen. Das ist der eigentliche Grund für die Fraktionsdisziplin. Denn in den meisten Fragen – außer in solchen, die zur symbolischen Politik werden – geben sie vor, wie die Fraktion abstimmt, und sprechen dann auch für die Fraktion im Plenum und begründen dort das Abstimmungsverhalten der Partei.

Das erklärt, warum in den meisten Sitzungen des Bundestags kaum eine echte Debatte stattfindet und warum in der Regel nur wenige Abgeordnete anwesend sind, von denen die meisten Zeitung oder Akten lesen oder mit ihren Nachbarn reden und nur zuhören und Beifall geben, wenn der Redner aus ihrer Fraktion stammt. Meist sind auch nur Vertreter desjenigen Ministeriums – selten der Minister oder die Ministerin selbst – anwesend, aus dessen Geschäftsbereich die Gesetzesvorlage stammt. Und von den wenigen Abgeordneten, die überhaupt da sind, springen immer einige mitten in der Debatte auf und eilen aus dem Raum und kommen erst zur Abstimmung wieder.

Viele Menschen empfinden diesen Anblick als Schande für die Demokratie. Sie meinen, alle Mitglieder des Bundestages und das Kabinett müssten normalerweise zur Gesetzgebung anwesend sein, aufmerksam zuhören und sich an der Debatte beteiligen. Doch dies geschieht nur bei den großen Fragen der symbolischen Politik.

Die Spezialfragen der praktischen Politik machen die Experten der Fraktionen unter sich aus in unzähligen Expertenrunden, Ausschusssitzungen und öffentlichen Veranstaltungen. Dort treffen dieselben Fachleute aus den Parteien, aus der Verwaltung, aus den Interessenverbänden und aus Wissenschaft und Praxis schon seit Jahren immer wieder aufeinander. Sie tauschen immer wieder die gleichen Argumente aus, wissen schon, wer wann was sagen wird. Dennoch nähern sie sich einander immer wieder an, entdecken neue Problemlagen, suchen nach neuen Lösungen, verbeißen sich dabei ineinander, testen Möglichkeiten aus und finden schließlich Regelungen, die von den wichtigsten Interessenvertretern nur noch mit verhaltenem Protest bekämpft werden. Dann wird ausgetestet, ob die Regelung in der eigenen Fraktion durchsetzbar ist. Man spricht mit den Kolleginnen und Kollegen in sachverwandten Ausschüssen und handelt mit möglichen Konkurrenten in der eigenen Partei Gegengeschäfte aus: Lässt du mich hier machen, werde ich dir auch in deiner Angelegenheit nicht in die Quere kommen. Eine Politikerin und ein Politiker, der das Handwerk der praktischen Politik beherrscht, bringt eine Angelegenheit erst vor die Fraktionsführung und in die Fraktion, wenn der Weg geebnet ist und es dort eigentlich nichts mehr zu diskutieren gibt. Daher folgt die Fraktion in der Regel dem Vorschlag und der kurzen Argumentation des Experten oder der Expertin aus dem einschlägigen Ausschuss. Danach ist die Debatte und Abstimmung im Plenarsaal nur noch Formsache: Dieselben, die sich vorher schon überall begegnet sind, sagen noch einmal, was sie vorher schon immer gesagt haben. Sie machen dieselben Zwischenrufe, die sie immer schon gemacht haben. Die anderen Mitglieder des Bundestages klatschen gelegentlich bei den Beiträgen der eigenen Redner. Aber kein anderes Mitglied hört wirklich zu, denn es handelt sich nicht um ihr Sachgebiet und sie haben weder Ahnung noch Interesse. Es würde auch nichts ändern, denn das Ergebnis steht fest. Darum kann man getrost während der Debatte dringende andere Gespräche führen oder Arbeiten erledigen. Denn Abgeordnete haben neben den Parlamentssitzungen eine kaum vorstellbare Menge an Aufgaben. Klingelt draußen in den Gängen und Zimmern des Parlamentsgebäudes die Glocke zur Abstimmung, eilt man zurück in den Plenarsaal, damit die Abstimmung auch so ausgeht, wie zuvor in der Fraktion beschlossen. In den Landtagen und Kommunalparlamenten wiederholt sich das gleiche Verfahren mit leichten Abweichungen. Auch dort werden eine Unzahl von Vorlagen von Experten und Expertinnen bearbeitet, zur Abstimmung vorbereitet und dann routiniert durch das Abstimmungsverfahren gebracht. Das ist praktische Politik in Aktion.

Nur wenn es eine Krise gibt, wenn die Existenz der Regierung auf dem Spiel steht, ist das Plenum voll, sind alle da und hören angespannt zu. Dann wird tatsächlich im Parlament entschieden, denn bei einer geheimen Abstimmung ist Vieles möglich. Das ist der Vorzug der Demokratie. Sie ist konstruiert wie die Bremsen in einem Auto der Luxusklasse. Sie sind so ausgelegt, dass man sie bei Normalbetrieb nur sachte niederdrücken muss, um den gewünschten Bremseffekt zu bekommen. Nur in der Krise, bei einer Notbremsung tritt man sie voll durch und nutzt ihre ganze Kraft. Genauso funktioniert das Parlament im Normalbetrieb mit sparsamsten Mitteln, mit geringer Präsenz und geringem Einsatz zur Erledigung von Routinegeschäften der praktischen Politik. Aber es ist auch ausgelegt für die große Krise, für die Ab- und Neuwahl eines Kanzlers, für die Vertrauensfrage, für den großen Staatsakt. Im Alltag sind die Debatten jedoch nur für Eingeweihte interessant und verständlich.

Wie sollen da Wähler und Wählerinnen, die ihren Beruf, ihre Familie und ihre Freizeitvergnügen haben, praktische Politik kontrollieren und beurteilen können? Müssen sie nicht vor dieser ungeheuerlichen Aufgabe kapitulieren und die Politik den Expertinnen und Experten überlassen?

Wie die Wahlentscheidung zustande kommt

Liest man das Grundgesetz, ist es die Aufgabe der Wähler und Wählerinnen und nicht der Experten, die Ziele der Politik zu bestimmen. Sie wählen die Parlamentsmitglieder. Und diese machen die Gesetze, die von Regierung und Verwaltung ausgeführt werden. So will es das Grundgesetz.

Schaut man sich jedoch die Wähler in Deutschland an, erlebt man eine Ernüchterung. In den Umfragedaten etwa von ALLBUS (eine regelmäßig für die Sozialwissenschaft durchgeführte repräsentative Erhebung für ganz Deutschland) zeigt sich immer wieder dieselbe Tendenz: Die große Mehrzahl aller Wählerinnen und Wähler ist weder fähig noch interessiert, die Zusammenhänge von Politik und Gesellschaft zu begreifen. Nur 20 Prozent aller Wähler finden Politik überhaupt wichtig. In den neuen Bundesländern ist das Interesse mit

15 Prozent sogar noch geringer. Weniger als die Hälfte der Wähler (etwa 40 Prozent im Westen, 35 Prozent in den neuen Bundesländern) lesen regelmäßig den politischen Teil einer Tageszeitung. Zwar schauen 80 Prozent im Westen und 75 Prozent in den neuen Bundesländern regelmäßig im Fernsehen die Nachrichten. Schon bei politischen Magazinen geht das Interesse auf etwa 30 Prozent zurück. Weniger als fünf Prozent aller Wähler (in den neuen Bundesländern sogar nur 3,5 Prozent) sind zur aktiven Mitarbeit in der Politik bereit, sei es in einer Partei oder in einer Bürgerinitiative.

In der Theorie sollen die Wähler die Parteien nach ihrem Programm auswählen. Doch kaum einer der Wähler hat je das Programm einer Partei gelesen. Dementsprechend hat die Wahlentscheidung eher selten etwas mit der Programmatik einer Partei zu tun. Bei der Wahl 1998 haben Wissenschaftler 500 Bürgerinnen und Bürger im Jahr vor der Wahl begleitet und sie immer wieder befragt, wie sie wählen würden und was ihre Wahlentscheidung beeinflusst hat. Alles deutet darauf hin, dass die Wahlentscheidung nach eher atmosphärisch-emotionalen und weniger nach rationalen Gesichtspunkten zustande kommt. Sie fällt meist im Freundeskreis, am Stammtisch, in der Familie oder am Arbeitsplatz. Nur wenige der 500 Beobachteten gaben an, dass Wahlplakate, Wahlreden oder Fernsehspots einen Einfluss auf ihre Entscheidung gehabt hatten.

Hinzu kommt, dass ein in seiner Größe schwer einzuschätzender Teil des Wahlvolkes von seinen intellektuellen und körperlichen Voraussetzungen zu keiner rationalen politischen Wahrnehmung, geschweige denn einer Analyse fähig ist. Zwar schließt § 13 des Bundeswahlgesetzes Personen vom Wahlrecht aus, die aufgrund eines Urteils das Wahlrecht verloren haben, oder die durch richterliche Anordnung wegen Schuldunfähigkeit in ein psychiatrisches Krankenhaus eingeliefert worden sind oder für die für alle ihre Angelegenheiten ein Betreuer bestellt worden ist, weil sie diese nicht mehr selbst erledigen können. Menschen mit geistigen und psychischen Behinderungen, die unter dieser Schwelle liegen, haben aber das Wahlrecht. Denn nach dem demokratischen Rechtsverständnis stehen jeder volljährigen Person prinzipiell alle Rechte zu, es sei denn, sie sind durch ein allgemeines Gesetz oder einen Gerichtsbeschluss eingeschränkt oder aufgehoben worden. Das Wahlrecht steht also auch all denen zu, die es im Sinne einer rationalen politischen Entscheidung gar nicht ausüben können, insbesondere dem wachsenden Anteil an der Bevölkerung mit beginnender Altersdemenz. Denn auch hier gilt der demokratische Begriff von der Freiheit, die keine ist, wenn man nicht das in der Sicht anderer Dumme machen darf.

Bedenkt man, wie wenige Prozent der Wahlstimmen oft genügen, um einen Regierungswechsel herbeizuführen oder ihn zu verhindern, wird deutlich, dass Wahlen und Wahlergebnisse nur marginal etwas mit der Rationalität und den Ergebnissen der praktischen Politik zu tun haben. Das gibt der zuvor schon gestellten Frage zusätzliche Schärfe, ob man angesichts dieser Tatsachen die Politik nicht gleich den Expertinnen und Experten überlassen sollte? Dazu gibt es aus der Zeit des deutschen Kaiserreichs ein passendes Bild.

Das Bild vom Staat als Schiff

Als Bismarck von Kaiser Wilhelm II. zum Rücktritt genötigt worden war, zeigte ihn eine berühmt gewordene Karikatur, wie er von einem Dampfer über eine herabgelassene Treppe zu einem Beiboot hinuntersteigt und oben an der Reling der Kapitän mit den Gesichtszügen des Kaisers ihm selbstzufrieden nachschaut. Unter der Karikatur steht die Zeile: »Der Lotse geht von Bord«.

Das Bild vom Schiff und dem Kapitän, der es steuert, trägt nicht viel Demokratisches in sich. Ein Kapitän lässt nicht über seinen Kurs abstimmen. Er hat absolute Befehlsgewalt. Auch ein Lotse ist nicht der Inbegriff der Demokratie. Der Lotse kann sogar dem Kapitän Befehle geben. Doch in der Regel ist ein Kapitän klug genug, auf den Ratschlag des Lotsen zu hören. Denn der Lotse ist Experte für ein spezielles Stück Wasserstraße. Er ist absoluter Träger des unparteiischen Sachverstandes. Er kennt die Fahrrinne genau und es wäre dumm, nicht auf ihn zu hören. So hat sich Bismarck vermutlich selbst verstanden: als sachlichen Experten, der mit den vorhandenen Mitteln jenseits allen Parteienstreits zum Besten des Landes wirkt. Das Bild von der Gesellschaft als Schiff, das gesteuert werden muss, legt eine solche wohlmeinende Expertendiktatur nahe. Sie war übrigens bis zur amerikanischen und französischen Revolution weltweit üblich, denn die Könige, Fürsten, Päpste überließen das Regieren in der Regel ihren Experten.

Dennoch sprechen heute die Politiker nach jeder Wahl, wenn sie ihren Wählern brav gedankt haben, vom Wählerwillen. Der habe sich für oder gegen eine bestimmte Koalition, für oder gegen eine bestimmte Politikrichtung entschieden. Wenn das stimmen würde, wenn die Politik tatsächlich entsprechend der Theorie des Grundgesetzes darauf warten würde, dass die Wähler die Ziele der Politik bestimmen, würde das Bild vom Kapitän oder Lotsen, der das Schiff durch Wind, Strömungen und Untiefen zum Ziel steuert, nicht mehr stimmen. Dann würde eher das Bild vom Fliegenden Holländer aus der gleichnamigen Oper von Richard Wagner zutreffen. Wegen irgendeines Vergehens vor vielen hundert Jahren treiben Wind und Strömungen das Geisterschiff ziel- und endlos vor sich her. Genauso müsste sich Politik von den wandelnden Stimmungen der Bevölkerung treiben lassen, mal die Todesstrafe einführen, dann wieder abschaffen, müsste sich der Herrschaft der Stammtische unterwerfen: Ziel- und orientierungslos würde das Schiff Gesellschaft über die Ozeane der Weltgeschichte treiben. Eine Katastrophe.

Das Dilemma der Demokratie

Die Politik steht also vor einem Dilemma: Auf der einen Seite muss sie sich um außerordentlich schwierige, kleinteilige und verwickelte Probleme kümmern, die nur Experten und Expertinnen interessieren und überblicken. Auf der anderen Seite soll sie nicht zur Expertendiktatur verkommen, sondern als demokratische Regierung ihr Tun vom Wähler überprüfen und bestimmen lassen. Die Wähler sind damit aber – wie gezeigt – überfordert. Sie können es nicht und – vor allem – sie wollen es nicht.

Würde sich die Politik auf das Niveau der Kenntnisse der meisten Wähler beschränken, würde die Gesellschaft zum Geisterschiff. Hält sie sich aber an die wirklichen Probleme in ihrer Komplexität, verselbstständigt sie sich von den Wählern und hört auf, demokratische Politik zu sein.

Das ist das Dilemma der Politik in der Demokratie: Egal wofür sie sich entscheidet, es ist falsch. Entscheidet sie sich für Effizienz, ist sie undemokratisch. Entscheidet sie sich für die Demokratie, ist sie uneffizient. Wie kommt sie aus dieser Zwickmühle heraus?

Die Arbeitsteilung zwischen praktischer und symbolischer Politik

Die Lösung ist einfach und naheliegend: Für die Wähler wird der Teil der Politik ausgewählt, der unterhaltsam und von allgemeiner Bedeutung, vor allem aber für die Imagebildung der Parteien und Politiker wichtig ist. Der wird vor dem geneigten Publikum in den Medien inszeniert und zelebriert. Das ist die symbolische Politik. In ihr präsentiert sich jede Partei und jedes Mitglied der politischen Elite so ideal wie möglich. Da ist immer Wahlkampf. Man profiliert sich, setzt sich von der Konkurrenz ab, beschimpft und macht die anderen Parteien lächerlich, unterstreicht die eigenen Vorzüge und mimt allgemein Engagement für das Gemeinwohl und den Fortschritt. Politiker, die ihren Job gelernt haben, wittern von ferne her, ob eine Frage sich zu symbolischer Politik eignet. Solche Fragen ziehen sie an sich, schicken Presseerklärungen ab, halten Pressekonferenzen, setzen ein Hearing oder eine Tagung mit einem von ihnen gehaltenen Festvortrag an, starten eine große Anfrage im Parlament oder geben ein Exklusivinterview für einen Kumpel beim Fernsehen.

Die symbolische Politik wirbelt viel Staub auf. Sie füllt die Blätter und Bildschirme. Hier muss sich bewähren, ob ein Politiker zum Wahlsieger taugt. Das hängt überhaupt nicht von seiner guten praktischen Politik ab. Entscheidender ist sein Aussehen, seine Art und Weise den Kopf zu halten, seine männliche Ausstrahlung, seine Verbindlichkeit im Auftreten und seine Unverbindlichkeit im Inhalt.

Das gilt natürlich auch für Politikerinnen. Doch werden an sie vom so genannten gesunden Menschenverstand viel widersprüchlichere, kaum zu erfüllende Erwartungen gestellt. Frauen müssen besser als die Männer sein, dürfen es aber auf keinen Fall zeigen. Sie müssen weiblich, aber dürfen nicht sexy sein. Sie sollen genauso wie die Männer in der Politik ständig präsent, gleichzeitig aber gute Mütter und Ehefrauen sein. Gerade symbolische Politik fordert Frauen in kaum erträglicher Weise. Man muss dazu nur die angeblich komischen Kommentare über Angela Merkel in den »Comedy«-Sendungen der deutschen Privatsender sammeln.

Presse und Fernsehen sind wichtig für symbolische Politik, weil sie der einzige Weg sind, auf dem man nahezu alle Wählerinnen und Wähler erreichen kann. Dabei ist es wichtiger, dass man in Bildern gezeigt wird, als welchen Text die Presse dazu schreibt oder welcher Kommentar im Fernsehen zu den Bildern gesprochen wird. Helmut Kohl ist bekanntlich während des größten Teils seiner sechzehn Jahre Kanzlerschaft von den meisten Medien höchst unfreundlich behandelt, wenn nicht verunglimpft worden, und hat dennoch eine Wahl nach der anderen gewonnen. Zwar können die Medien Einzelpersonen in einer Treibjagd aus reiner Gier nach Sensationsnachrichten politisch zerstören und aus dem Amt treiben. Da die Medien jedoch von Einschaltquoten oder der Höhe der Auflage leben, weil sich daran der Preis der Werbung misst, können sie nur ausnahmsweise gegen die allgemeine Stimmung schreiben oder senden. Weil es ihr Hauptzweck ist, Werbung zu verkaufen, reden sie häufiger dem Publikum nach dem Mund als dass sie es zu erziehen und zu beeinflussen trachten. Der Einfluss der Presse und des Fernsehens auf das Wahlverhalten ist darum viel geringer als man denkt. Dennoch sind gute Beziehungen zu den Medien für die symbolische Politik hilfreich. Die Auswahl der Bilder, der Aufnahmewinkel der Kamera kann einen freundlichen oder unfreundlichen Eindruck vermitteln. Darum wählen Politiker und Politikerinnen ihre Interviewpartner sorgfältig aus und halten sich einen Kreis von Journalisten, den sie mit Hintergrundinformationen privilegiert versorgen und den sie damit gleichzeitig auf ein Minimum an Loyalität verpflichten. Letztlich entscheiden die Medien aber nur bei ganz knappen Mehrheiten eine Wahl.

Für den Sieg, für eine Quote von über 40 Prozent der Stimmen, muss man Zustimmung von allen Seiten suchen, von extrem gegensätzlichen Gruppen in der Gesellschaft. Dies gilt besonders für Kandidaten und Kandidatinnen der SPD. Denn die hat ihre Stammwähler sowohl bei traditionsverpflichteten Arbeitern und Arbeiterinnen wie bei avantgardistischen Künstlern, Kämpferinnen für die Emanzipation, aufgeklärten Lehrerinnen, Professoren, Studierenden, Ärzten und Ärztinnen, Architekten und Verwaltungsbeamten. Wird man von der einen Seite gelobt, kann man sich gleichzeitig der Ablehnung und Kritik von der anderen Seite sicher sein. Die inhaltlichen und ästhetischen Vorstellungen könnten weiter nicht auseinander liegen. Darum hat es die SPD besonders schwer, Wahlen zu gewinnen.

Auch ein Kandidat oder eine Kandidatin der CDU muss einem breiten und vielfältigen Spektrum von Menschen gefallen, wenn er oder sie in die Nähe der absoluten Mehrheit kommen will: Bauern und Anwälte, Arbeiter und Unternehmer, Gastwirte und Kleriker, Bauingenieure und Apothekerinnen, zwar alle bodenständig, wertkonservativ und antisozialistisch, doch mit erheblichen Interessengegensätzen und Geschmacksvariationen. Da schafft jede eindeutige Festlegung in eine bestimmte Richtung die Gefahr, andere Gruppen zu verprellen. Gefällig muss man sein, diplomatisch, geschickt. Alle sollen sich bestätigt fühlen in ihrem Anliegen. Niemand darf sich ausgeschlossen fühlen.

Symbolische Politik ist ein schwieriges Geschäft. Man muss überzeugend und tiefsinnig klingen, voller Ernst und Engagement – und doch nichts Genaues sagen, das eine Gruppe übel nehmen könnte. Man muss ständig in Höchstform sein, immer angemessen, hochkonzentriert und darf sich keinen Schnitzer erlauben. Man darf sich keinen Moment unbeobachtet wähnen, darf nie seinen Ärger über die Kameras und lauernden Journalisten, über ihre oft dummen Fragen äußern, darf nie »die Sau raus lassen«. Darauf lauern Medien und die Gegner.

Aber man darf auch nicht zu glatt sein. Denn dann bleibt man nicht haften im Gedächtnis der Wähler. Eine gute Marketingfirma ist da eine große Hilfe. Sie hat Erfahrung damit, positive Gefühle, Sehnsüchte und Hoffnungen mit allen möglichen Produkten zu verknüpfen, so dass die Sehnsucht nach der großen, erfüllenden Liebe sich mit einer Autokarosse verbindet. Mit etwas Begabung kann man das auch mit einem Politiker machen.

Das mag zynisch klingen. Doch es funktioniert. So werden Wahlen gewonnen und verloren. Und so kommt ein gewaltloser, demokratischer Machtwechsel zustande. Der Machtwechsel ist zwar nicht nach rationalen Gesichtspunkten geschehen und auch nicht so, wie sich das Grundgesetz den politischen Wechsel vorgestellt hat. Doch er geschieht unblutig und funktioniert.

In einer Welt der Milliarden Leben des Kolumbus und der nicht erreichbaren Wahrheit ist das auch kein Mangel oder Makel. Entscheidend ist, dass die Mehrheit des Wahlvolkes aus welchen Gründen auch immer, seien sie noch so dumm und kurzsichtig oder weise und vorausschauend, die herrschende Partei oder Koalition abgewählt und einer anderen Parteienkonstellation die Mehrheit gegeben hat. Das korrekt eingehaltene formale Verfahren verschafft Legitimität, nicht dessen Inhalt oder was dabei gesagt wird.

Symbolische Politik mit ihrer Unverbindlichkeit und Unbestimmtheit hat noch eine weitere wichtige Funktion in der Gesellschaft. Sie integriert extremistische Gruppen links und rechts zur Mitte hin. In der Geschichte der Bundesrepublik Deutschland hat es immer sehr viel mehr rechtsextrem eingestellte Menschen gegeben als Wählerinnen und Wähler rechtsextremer Parteien. Die emotionale antisozialistische Symbolik der christdemokratischen Parteien, insbesondere die symbolische Militanz eines Franz-Josef Strauß hat die rechtsextrem Eingestellten immer wieder in die CDU/CSU eingebunden. Nur als die Union sich in der Großen Koalition der Endsechziger mit der SPD zusammentat und Strauß im Bundestag mit der SPD flirtete, drohte die NPD zur bundesweit verbreiteten Rechtspartei zu werden. Das Gleiche gilt selbstverständlich für die Integration der linksextremistisch Eingestellten durch die SPD. Hier hatte und hat die symbolische Politik der großen Parteien eine wichtige befriedende Funktion, die nicht überschätzt werden kann.

Die Bedeutung der praktischen Politik

Hinter der alles beherrschenden und alles verdeckenden Fassade der symbolischen Politik läuft das harte, zeitraubende, herausfordernde Geschäft der praktischen Politik. Davon merkt die Öffentlichkeit kaum etwas. Da wird in unendlichen Sitzungen, in unzähligen Gesprächen unter den Experten die Lösung für Probleme ausgehandelt, die sich in der alltäglichen Praxis als regelungsbedürftig herausgestellt haben. Das ist hochgradig sachliche Arbeit.

Viele Gesetze in der Bundesrepublik werden zwischen den Verwaltungsbeamten der Länder und des Bundes in den Ausschüssen des

Bundesrates ausgehandelt. Da optimiert die Verwaltung ihre Instrumente und Parteipolitik spielt kaum eine Rolle. Oft geht das Abstimmungsverhalten quer durch alle Parteien. Es geht um effiziente Lösungen für alltäglich auftretende Probleme und Verwaltungsabläufe.

Häufig tragen die Berufsverbände oder Wirtschaftsgremien ihre Probleme in den Ministerien bei der Verwaltung vor und diese formulieren daraus für ihren Minister Verwaltungsvorschriften oder neue Gesetzesvorlagen. Der überprüft sie, ob sie irgendwo den Keim zur symbolischen Politik in sich tragen, also die Wiederwahl seiner Partei befördern oder gefährden könnten.

Ist das der Fall, zieht er die Initiative an sich und macht daraus symbolische Politik. Dann haben die Experten ausgedient. Dann wird nach politischen Maßstäben entschieden. Es wird erwogen, was bei den Wählern, die man sowieso schon hat und bei denen, die man dazugewinnen könnte, am besten ankommt. Sachliche Gesichtspunkte müssen zurücktreten.

Ergibt sich jedoch kein Anhaltspunkt für symbolische Bedeutung, wird die Initiative den Experten überlassen. Jetzt können sie in aller Ruhe unter sich die ihnen optimal erscheinende Lösung erarbeiten und durchsetzen. Die politischen Gremien gehen automatisch mit. Die Fraktionen winken die Angelegenheiten durch. Bundestag und Bundesrat werden zu Abstimmungsmaschinen, in denen kaum einer der Abstimmenden weiß, worüber er oder sie gerade befunden hat.

Das ist die große Chance der Lobby, die Interessenvertretungen der Unternehmen, der Bauern, der Handwerker, der Brauereien, der Autoindustrie, der Gewerkschaften, der Versicherungsunternehmen und was es sonst noch an organisierten Interessen gibt. Sie versuchen, das Gesetzgebungsverfahren in ihrem Sinne zu beeinflussen. Wenn es keine widersprechenden Interessenvertreter gibt, können sie sich in der praktischen Politik in aller Ruhe die für sie optimale Gesetzgebung zurechtstricken.

Ohne je über Politik oder Parteien zu reden, werden Lösungen gesucht, mit der EU-Bürokratie abgestimmt und in hochdifferenzierte Gesetzestexte umgesetzt, die in ihren Feinheiten nur von Verwaltungsjuristen verstanden werden, die dann die einschlägigen Kommentare dazu schreiben. Dabei wird viel bewegt und gestaltet, ohne dass es je zum politischen Spektakel wird, ohne dass jemand sich die Lorbeeren dafür holt und ohne dass es je in die Zeitung oder ins Fernsehen kommt.

Symbolische Politik holt sich die Rosinen aus dem Kuchen der praktischen Politik. Sie entscheidet über die Machtfrage. Das Funktionieren der Gesellschaft, das, wovon sie lebt und in ihren Grundfunktionen abhängt, liefert die praktische Politik. Wie in der Novelle von Mark Twain von der Million-Pfund-Note, wo der naive Kleinstadtamerikaner unter dem symbolischen Schutz seines papiernen Reichtums ein praktisches Millionenvermögen erwirtschaftet, verschafft die symbolische Politik mit ihrem einschüchternden Ansehen der praktischen Politik genügend Raum, um die komplexen Sachprobleme und Verwaltungsroutinen einer hocharbeitsteiligen Gesellschaft sachgemäß durch Experten und Betroffene in aller Ruhe behandeln zu lassen.

So funktioniert Politik. Nicht wie es das Grundgesetz vorsieht. Nicht wie es sich die politische Philosophie wünscht. Aber sie funktioniert und löst das Dilemma der Politik zwischen Demokratieanspruch auf der einen Seite und dem Mangel an Wissen und Interesse beim größten Teil des Wahlvolkes auf der anderen Seite. Die Lösung ist brillant: Die symbolische Politik sorgt für Machterhalt und Machtwechsel ohne die Wähler zu überfordern. Gleichzeitig verschafft sie der praktischen Politik genügend Zeit und Raum, damit Experten und Betroffene sachgemäße Lösungen für hochkomplizierte Probleme und Verwaltungsabläufe ausarbeiten und umsetzen können.

Sechstes Kapitel
Der kleine Prinz und der König – oder:
Was macht eine gute Regierung?

Antoine de Saint-Exupéry war in der ersten Hälfte des 20. Jahrhunderts ein Pionier der Motorfliegerei. Er flog über Wüsten und Gebirge, bei Tag und Nacht, Sturm und Nebel. Er überlebte viele Notlandungen und Unfälle, manche davon in der Wüste. Er war auch ein großer Schriftsteller. Berühmt wurde er mit der folgenden Geschichte: Einmal hatte ihn wieder eine Motorpanne mitten in der Wüste zu Boden gebracht. Das Flugzeug war heil geblieben. Doch er war ganz allein, ohne Mechaniker, und hatte für höchstens acht Tage Trinkwasser. Er musste die Reparatur allein schaffen. Es ging um Leben und Tod.

Bei Anbruch des ersten Tages nach der Notlandung hörte er eine seltsame kleine Stimme: »Bitte ... zeichne mir ein Schaf!« Als er sich überrascht umschaute, entdeckte er einen winzig kleinen Jungen. Im Gespräch stellte sich heraus, dass der ein Prinz von einem fremden, ebenfalls sehr kleinen Planeten war, dem Asteroiden B 612. Während der Pilot weiter an seiner Maschine arbeitete, lernte er den kleinen Prinzen und seine Welt immer besser kennen und freundete sich mit ihm an. So erfuhr er von den Asteroiden, die der kleine Prinz auf dem Weg zur Erde besucht hatte. Auf einem hatte der kleine Prinz einen König getroffen. Auf dem ganzen Planeten gab es nichts außer dem König.

»Der König thronte in Purpur und Hermelin auf einem sehr einfachen und dabei sehr königlichen Thron.

›Ah! Sieh da, ein Untertan‹, rief der König, als er den kleinen Prinzen sah.

Und der kleine Prinz fragte sich: wie kann er mich kennen, da er mich noch nie gesehen hat!

Er wußte nicht, dass das für die Könige die Welt etwas höchst Einfaches ist: »Alle Menschen sind Untertanen.«

Der König wollte dem Gast seine Macht demonstrieren und gab ihm allerlei Befehle, die der Prinz entweder nicht befolgen konnte oder nicht ausführen wollte. Als alle Gebote und Verbote vergeblich waren, erklärte der König dem kleinen Prinzen das Geheimnis seiner Regierungskunst:

»›Wenn ich einem General gebote, nach der Art der Schmetterlinge von einer Blume zur anderen zu fliegen oder eine Tragödie zu schreiben oder sich in einen Seevogel zu verwandeln, und wenn dieser General den erhaltenen Befehl nicht ausführte, wer wäre im Unrecht, er oder ich?‹

›Sie wären es‹, sagte der kleine Prinz überzeugt.

›Richtig. Man muß von jedem fordern, was er leisten kann‹, antwortete der König. ›Die Autorität beruht vor allem auf der Vernunft. Wenn du deinem Volk befiehlst, zu marschieren und sich ins Meer zu stürzen, wird es revoltieren. Ich habe das Recht, Gehorsam zu fordern, weil meine Befehle vernünftig sind.‹«

Bevor wir die Geschichte vom kleinen Prinzen und dem König analysieren, will ich erzählen, wie es weitergeht: Die Reparatur wollte nicht gelingen und mit jedem Tag, an dem es weniger Wasser gab, wechselte Saint-Exupéry mehr in die traurig-schöne Welt des kleinen Prinzen hinüber, bis der auf seinen Planeten zurückkehren will und ins Nichts verschwindet. Es klingt wie der Tod. Doch Saint-Exupéry wurde gerettet, denn später konnte er an die Stelle in der Wüste zurückkehren, wo der kleine Prinz verschwunden war, und darüber schreiben: »Das ist für mich die schönste und traurigste Landschaft der Welt.«

Die Kunst des Regierens

Saint-Exupéry und seine Geschichte vom König und dem kleinen Prinzen soll uns dazu dienen, die Kunst des Regierens näher zu betrachten. Dabei soll es nicht um Details gehen wie etwa die Kabinettsbildung, die Koalitionen und Konkurrenzen bei der Verteilung von Posten, die Kämpfe beim Schreiben des Regierungsprogramms oder den langen Weg der Gesetzgebung. Auch soll es nicht um die inhaltlichen Fragen beim Regieren gehen, etwa wie das Steuersystem beschaffen sein soll, wodurch die Außenpolitik bestimmt wird, welche Möglichkeiten und Fallstricke in der Europapolitik, der Sozialpolitik oder der Gesundheitspolitik stecken. Das kann man in der Tageszeitung lesen. Der König und der kleine Prinz sollen uns vielmehr dabei helfen, eine Antwort auf die Frage zu finden: Wie schafft es eine Regierung am besten, von ihren Untertanen Gehorsam zu erlangen?

Die erste schnelle Antwort ist natürlich: Dazu braucht die Regierung Macht. Denn Macht ist das, was den König zum König und alle anderen zu Untertanen macht. Macht, so hat es bis heute weitgehend unbestritten der Begründer der Soziologie, Max Weber, definiert, ist »die Chance, innerhalb einer sozialen Beziehung den eigenen Willen auch gegen Widerstreben durchzusetzen, gleichviel worauf diese Chance beruht«. So denkt auch der König in der Geschichte mit dem kleinen Prinzen, vertraut auf seine Insignien der Macht und gibt dem kleinen Prinzen Befehle.

Damit scheitert er jedoch kläglich, denn als er dem kleinen Prinzen das Gähnen verbieten will, sagt der, er könne es nicht unterdrücken. Als ihm darauf der König befiehlt, zu gähnen, ist der kleine Prinz so eingeschüchtert, dass er nicht mehr gähnen kann. Der König kann seinen Willen nicht gegen das Widerstreben des kleinen Prinzen durchsetzen. Selbst der Befehl, sich zu setzen, geht schief, weil es auf dem Planeten keinen Platz dafür gibt. Der König hat keine Macht über den kleinen Prinzen.

Hätte er die Möglichkeit gehabt, das Leben des kleinen Prinzen zu bedrohen oder ihm sonst etwas für den kleinen Prinzen sehr Wichtiges vorzuenthalten oder zu gewähren, hätte er dem kleinen Prinzen sicher ein Gähnen abzwingen können oder ihn dazu gebracht, sich wenigsten nieder zu kauern, wenn er schon nicht sitzen konnte. Dann hätte er Macht gehabt über den kleinen Prinzen. Doch der will nichts von dem König und der König hat nichts, mit dem er drohen oder locken könnte.

Der König in der Geschichte von Saint-Exupéry ist klug genug, um sein Scheitern im Machtkampf zu bemerken. In dieser Krise schwenkt er in seiner Politik um und wählt einen völlig anderen Stil des Regierens: Er sagt, er habe das Recht, Gehorsam zu fordern, wenn und weil seine Befehle vernünftig seien. Er besteht also nicht mehr darauf, seinen Willen – gleichgültig worum es geht – durchzusetzen. Jetzt fordert er Gehorsam auf vernünftige Befehle. Diese Art des Regierens, die auf Zustimmung setzt, nannte Max Weber legitime Herrschaft: »Die Chance, für einen Befehl bestimmten Inhalts bei angebbaren Personen Gehorsam zu finden.«

In der Alltagssprache gibt es meist keinen Unterschied zwischen Macht und Herrschaft. Beide Worte werden mit dem gleichen Inhalt verbunden, der Fähigkeit sich durchzusetzen. Doch die Geschichte vom kleinen Prinzen und dem König macht deutlich, dass es dazu zwei klar unterschiedene Methoden gibt: Die brutale Methode, die keine Rücksicht darauf nehmen muss, ob die Untertanen zustimmen, und die sanfte Methode, die auf Zustimmung setzt und deshalb ihre Befehle gar nicht durchzusetzen braucht. Um sie auseinander zu halten, wollen wir hier die von Max Weber getroffene Unterscheidung übernehmen: »Macht« soll die Politik des Regierens heißen, die auch gegen Widerstand ihren Willen durchsetzt, »Herrschaft« die Politik des Regierens, die auf Einsicht und Zustimmung setzt.

In der Alltagssprache wird zwischen beidem kein Unterschied gemacht, weil sie auch in der Wirklichkeit oft kaum zu unterscheiden sind. So beginnen die Milgram-Experimente als Herrschaftssituation. Die Versuchspersonen folgen den Anweisungen, weil sie sich freiwillig gemeldet haben und Geld bekommen. Auch gehen sie davon aus, dass die wissenschaftlichen Mitarbeiter einer renommierten Universität vernünftige Anweisungen geben.

Später, wenn die Versuchspersonen das Leiden sehen, das sie verursachen, beginnen sie sich zu wehren. Nach und nach verwandelt sich Herrschaft in Macht. Sie entziehen dem Versuch ihre Zustimmung. Sie machen trotzdem weiter, weil sie den direkten Befehl dazu bekommen und sich – seltsamerweise – nicht trauen, diesem Befehl zu widersprechen. Es ist eine klassische Machtsituation geworden: Die befehlende Institution setzt ihren Willen in der sozialen Beziehung gegen Widerstreben durch.

Auch in der politischen Wirklichkeit gehen beide Regierungsstile häufig ineinander über. Dafür ein Beispiel für die umgekehrte Reihenfolge: In den ersten Jahren der Regierung Schröder entschied sich die Koalitionsregierung, eine unpopuläre Maßnahme gegen den

Willen großer Teile der Bevölkerung durchzusetzen: Die Ökosteuer. Diese machte umweltbelastende Energieträger, zum Beispiel Autos und Lastwagen, teurer, um so den Betreibern einen Anreiz zu geben auf weniger umweltbelastende Energiequellen umzusteigen. Gleichzeitig sollten die damit erzielten Mehreinkünfte in die Kranken- und Rentenversicherung fließen, um für die Unternehmen die Lohnnebenkosten zu senken und sie damit im globalen Wettbewerb besser zu stellen.

Die neue Regierung stand damals unter dem Druck, ihre Regierungsfähigkeit zu beweisen, und zog wohl darum die Gesetzgebung mit großer Geschwindigkeit und ohne viel Rücksicht auf Einwände durch. Die Tankstellen mussten die Ökosteuer auf die sowieso schon hohen anderen Steuern aufschlagen. Vor allem beim Diesel bedeutete das einen richtigen Preissprung. Alle Vielfahrer, die sich Dieselautos gekauft hatten, weil die bisher im Betrieb so billig gewesen waren, standen vor einem Desaster. Die Speditionen mit ihren Diesellasterflotten mussten völlig neu kalkulieren. Die ausländischen Lastzüge würden mit billigstem Diesel aus der Heimat alle ihre Preise unterbieten und sie aus dem Markt werfen. Es gab massive Proteste. Lastwagenfahrer sperrten Autobahnen, indem sie auf der ganzen Breite auf allen Spuren langsam nebeneinander herfuhren. Sie strömten nach Berlin zum Regierungssitz und legten den Verkehr in der Stadt lahm. Die Polizei schritt ein. Strafen wurden verhängt. Es war eine klassische Machtsituation. Die Regierung setzte ihren Willen mit Zwangsmitteln gegen Widerstreben durch.

In dieser aufgeheizten Atmosphäre sah die Opposition ihre Chance für einen Punktsieg in symbolischer Politik. Sie stellte sich hinter die Lastwagenfahrer, missbilligte zwar milde ihr illegales Vorgehen, nannte es aber angesichts der aus ihrer Sicht skandalösen Ungerechtigkeit und Irrationalität der Regierungspolitik »verständlich«. Auch die meisten Medien nahmen Partei für die Lastwagenfahrer, schon allein weil sie die besseren Bilder boten. Der Kampf wogte hin und her. Wochenlang gab es kaum ein anderes Thema. Opposition und Medien meinten, die Regierung in dieser Frage zum Nachgeben zwingen zu können. Es war ein Machtkampf. Es ging darum, wer seinen Willen der anderen Seite aufzwingen könnte.

Die Regierung setzte auf Zeit. Betriebe, die mit der Ökosteuer in die Verlustzone geraten waren, gingen bankrott und verschwanden. Mit ihnen verschwanden die militantesten Protestierer. Die überlebenden Betriebe kalkulierten mit den neuen Preisen und fanden Wege, sie teils auf die Kunden abzuwälzen, teils durch Einsparungen an anderer Stelle auszugleichen. Einige Konsumenten stellten ihr Verhalten tatsächlich um, kauften benzinsparende Autos, zogen näher an ihren Arbeitsort oder fanden ein neues Gleichgewicht zwischen ihren Mobilitätswünschen und ihrem sonstigen Konsum. Langsam, sehr langsam verlor die Regierungsmaßnahme ihren skandalösen Charakter. Andere Themen rückten in den Vordergrund. Nach und nach akzeptierte man die Ökosteuer, halb aus Überzeugung, halb aus Gewohnheit.

Immerhin war sie Gesetz und Gesetzen pflegt man in Deutschland zu gehorchen. Macht hatte sich in Herrschaft verwandelt. Jetzt musste keine Polizei mehr eingesetzt werden. Jetzt folgten die Menschen dem neuen Gesetz freiwillig, weil es Gesetz ist.

Die Verwandlung von Macht in Herrschaft als historischer Prozess

Das Beispiel der Ökosteuer ist typisch. Die meisten Gesetze einer Regierung sollen ein gesellschaftliches Problem lösen. Die Lösung ist selten im Sinne aller Betroffenen. Denn die meisten gesellschaftlichen Probleme entstehen aus einer Situation des Mangels. Um die Unzufriedenen im Zaum zu halten, setzt die Regierung ihren Verwaltungs- und Zwangsapparat ein. Verstöße gegen das Gesetz werden mit Strafandrohungen, Gebührenbescheiden, Anzeigen beantwortet. Widersprüche dagegen kommen vor Gericht. Wer deren Urteil nicht befolgt, bekommt es mit der Polizei zu tun und landet womöglich in der Justizvollzugsanstalt. All das ist Machtpolitik pur.

Mit der Zeit spielen sich die Verhältnisse ein. Es werden Methoden gefunden, die Konflikte zu regulieren. Die Menschen stellen sich auf die neue Politik ein, passen ihr Verhalten und ihre Denkweise der veränderten Gesetzeslage an. Sie bauen das Neue wie eine Auster das störende Sandkorn in ihren Alltag ein und geben ihm mit der Zeit eine positive Deutung. So wird die Regelung zum selbstverständlichen Teil einer legitimen und vernünftig erscheinenden Welt. Niemand – oder kaum jemand – stellt sie noch in Frage. Sie verwandelt sich von einer Maßnahme der Macht in ein Element der Herrschaft. Die Regierung kann nun von ihren Untertanen – wie der König vom kleinen Prinzen – Gehorsam fordern, weil ihre Befehle inzwischen für vernünftig gehalten werden.

Das ist der historische Prozess der Politik: Das komplizierte Gewebe der Regeln und Gesetze, das unser Leben bestimmt und das wir unhinterfragt akzeptieren, entsteht aus anfangs häufig sehr umstrittenen politischen Entscheidungen, die zuerst mit Mitteln der Macht durchgesetzt werden und erst nach und nach zur Herrschaft werden.

Macht und Ohnmacht

Der König auf dem Asteroiden war gegenüber dem kleinen Prinzen ohnmächtig. Er konnte ihm Befehle geben wie er wollte. Der Prinz befolgte sie nicht. Eine erschreckende Situation für einen König oder eine Regierung. Daraus ergibt sich die dringende Frage: Wie funktioniert Macht und wie entsteht Ohnmacht?

Die Antwort scheint einfach zu sein: Macht hat, wer über Machtmittel verfügt, z. B. Gewehre, Truppen, Geld. Ohnmächtig ist, wer über nichts verfügt als zum Beispiel über einen schäbigen Thron und einen riesigen Hermelinmantel. Doch bei genauerer Betrachtung wird diese einfache Gleichung, Mittel = Macht, fraglich.

Ein Beispiel: Die USA verfügen zweifellos seit dem Ende des Zweiten Weltkrieges bis heute über die meisten Machtmittel. Sie sind das mächtigste Land der Welt. Und dennoch hat das kleine Nordvietnam, ein armes Entwicklungsland, zuerst gegen Frankreich und dann gegen die Supermacht USA einen Krieg gewonnen. Nordvietnam und seine Guerilla-Kämpfer, der Vietcong, waren trotz weit geringerer Machtmittel mächtiger als die USA. Wie kann das möglich sein?

Die Erklärung für diese Umkehrung der Machtverhältnisse ist die unterschiedliche Bedeutung, die dieser Konflikt für die beiden Länder hatte. Für Nordvietnam und den Vietcong war der Krieg die wichtigste Sache der Welt. Sie waren bereit, für den fortgesetzten Kampf gegen die USA die Erfüllung beinahe aller anderen Bedürfnisse zurückzustellen. Für die USA war der Vietnamkrieg von geringer Bedeutung. Vietnam war eines von vielen Konfliktgebieten. Man war nicht bereit, dafür auf die Erfüllung wichtiger Bedürfnisse zu verzichten. Die USA mussten jedoch immer mehr Mittel für den Versuch aufwenden, gegen Nordvietnam und den Vietcong ihren Willen durchzusetzen. Immer mehr amerikanische Bürger wurden in den Krieg hineingezogen. Der Mitteleinsatz überstieg bald in eklatanter Weise das, was die amerikanische Bevölkerung bereit war, wegen dieses Krieges an Belastungen in Kauf zu nehmen. Sie entzog ihrer Regierung immer mehr die Zustimmung. Es wurde immer aufwändiger, den Widerstand zu brechen und die Menschen zum Gehorsam zu zwingen. Die internen Kosten überstiegen bald bei weitem den Schaden, den eine Kapitulation in Vietnam anrichten würde. Der Krieg war verloren.

So ist das immer bei der Macht. Oft verwechselt man Macht mit den Machtmitteln. Die Machtmittel allein verleihen aber noch keine Macht. Entscheidend ist die Bedeutung der Frage, um die es in der Machtbeziehung geht. Denn Macht ist kein Ding, das man hat oder nicht hat. Macht ist das Resultat einer sozialen Beziehung. So hat es schon Max Weber definiert: Es ist »die Chance, innerhalb einer sozialen Beziehung den eigenen Willen auch gegen Widerstreben durchzusetzen, gleichviel worauf diese Chance beruht.« Den Willen setzt man zwar mit Machtmitteln durch, doch wie viele und welche Mittel dafür notwendig sind, hängt davon ab, wie wichtig dem Gegenüber die Sache ist, um die es geht. Denn seinen Willen durchsetzen kann man nur, wenn es gelingt, beim Gegenüber etwas zu finden, was diesem noch wichtiger ist. Erst wenn man das gefährden oder erfüllen kann, wird das Gegenüber erwägen, sein Verhalten in der Sache zu verändern und das untergeordnete Ziel zugunsten des Wichtigeren aufzugeben.

Je nachdem wie wichtig den Menschen die Gegenstände der Gesetzgebung sind, hat die Regierung sehr unterschiedliche Macht über sie. Deshalb verfügt eine Regierung immer über einen tief gestaffelten Machtapparat von der Mahnung über die Strafe, die zur Bewährung ausgesetzt ist, und den Strafvollzug bis zur Sicherheitsverwahrung. Man muss die Drohung immer noch steigern können. Doch wer keinerlei Bedürfnisse hat, wer sowieso Suizid begehen will, den kann man mit Drohungen oder Versprechungen nicht beeindrucken. Wem – wie den Terroristen – das eigene Leben weniger bedeutet als das politische Ziel, über den kann keine Regierung der Welt Macht haben.

Deshalb hat auch der König keine Macht über den kleinen Prinzen: Der kleine Prinz will nichts von ihm und es gibt nichts, was der König tun könnte, was den kleinen Prinzen dazu bringen könnte, sich dem Willen des Königs zu fügen. Wäre dem kleinen Prinzen aber an der Zuneigung des Königs gelegen, dann hätte der König, ohne dass sich seine Machtmittel vermehrt hätten, Macht über den kleinen Prinzen. Er könnte ihn dazu bringen, zu gähnen, nicht zu gähnen, so zu tun als ob er sich setzen wolle, einfach indem er sich traurig geben würde. Es sind die eigenen Bedürfnisse, die einen ohnmächtig machen.

Macht funktioniert immer nach dem gleichen Schema. Erpressung oder Bestechung: Ich gebe dir, wenn ...! Oder: Ich nehme dir, wenn du nicht ...!

Dazu braucht man aber Mittel. Bestechung kostet Geld. Erpressung kostet Waffen und Personal, das die Drohung glaubhaft macht und zur Not auch durchsetzt. Insofern ist Macht bei gegebener Bedürfnislage durchaus proportional zur Menge der Mittel, über die jemand verfügen kann. Das unterstreicht aber nur noch, dass Macht mit Kosten verbunden ist.

Die Vorteile der Herrschaft

Herrschaft dagegen verursacht fast keine Kosten. Wer das Recht hat, Gehorsam zu fordern, weil seine Befehle für vernünftig gehalten werden, braucht niemandem zu drohen und niemanden zu bestechen. Herrschaft kostet höchstens Zeit, die Zeit nämlich, die es braucht, um die Menschen davon zu überzeugen, dass die Befehle vernünftig sind.

Beim Beispiel der Ökosteuer hätte die Regierung mit allen Beteiligten so lange reden und Lösungen aushandeln müssen, bis alle wenigstens zähneknirschend zugestimmt hätten. Dann wäre keine Macht notwendig geworden.

Diese Politik des Überzeugens und des Aushandelns, bis ein Konsens gefunden ist, wurde in den Siebzigerjahren als »Modell Deutschland« gepriesen. Heute ist sie verpönt. Der Bundespräsident Herzog hat sie mit seiner Rede mit der Pointe »Es muss ein Ruck durch Deutschland gehen« als Reformstau und Stillstand verurteilt.

Eine Regierung ist dennoch gut beraten, wenn sie danach strebt, in der Regel durch Herrschaft und nicht durch Macht zu regieren. Sie muss Widerstände nicht mit Drohungen überwinden, sie muss keine Mittel einsetzen und sie ist nicht von der Bedürfniskonstellation ihrer Staatsbürger abhängig. Darum muss es das Ziel jeder vernünftigen Politik sein, Macht in Herrschaft zu verwandeln.

Siebtes Kapitel
Huckleberry Finn – oder: Wege aus der Hilflosigkeit

Huckleberry Finn ist ein kleiner, frecher Junge aus dem Süden der Vereinigten Staaten von Amerika. Eigentlich ist er in einer sehr hilflosen Situation. Denn seine Mutter ist früh verstorben, sein alkoholkranker Vater kümmert sich nicht um ihn. Seine beiden Tanten sind rührend darum bemüht, ihn zu »zivilisieren«. Doch er entzieht sich ihren Bemühungen. Ihm ist seine Freiheit und Selbstbestimmung wichtiger als alles, was die »Zivilisation« zu bieten hat. Damit hat er sich bereits aus seiner Hilflosigkeit gegenüber der »zivilisierten« Welt befreit. Sie hat keine oder nur geringe Macht über ihn, weil sie ihm nichts bedeutet.

So wächst er in beneidenswerter Freiheit auf, bis ihn sein Vater entführt, um ihm seine Art der »Zivilisation« beizubringen: die völlige Freiheit des Lebens in einer Hütte im Busch. Dabei lernt Huck, sich selbst zu versorgen und noch weniger von den Segnungen der Zivilisation abhängig zu sein. Doch der Vater ist in seiner chaotischen Lebensweise und in seinem Suff unberechenbar und gewalttätig.

Daraufhin täuscht Huck seinen eigenen Tod vor und flieht auf eine einsame Insel im Mississippi. Dort trifft er auf Jim, einen etwa gleichaltrigen entlaufenen Sklaven, den er aus der Stadt flüchtig kennt. Die beiden versuchen gemeinsam zu überleben und freunden sich dabei an. Huck merkt, dass er in dem entlaufenen Sklaven einen ehrlicheren, zuverlässigeren Partner hat als mit all den weißen Menschen zuvor. Darum beschließen sie, sich bis nach Ohio durchzuschlagen, wo es keine Sklaverei gibt. Dort würde Jim frei sein.

Auf ihrer Flucht treffen sie Räuber, Gauner, Schauspieler, Mörder und immer wieder und überall Rassisten, die alles daran setzen, den entlaufenen Sklaven wieder in die Sklaverei zurückzuzwingen. Immer wieder werden sie gefangen und nur der Einfallsreichtum und die Frechheit Hucks retten sie aus den verfahrensten Situationen. Dennoch endet ihre Reise dort, wo sie hergekommen sind. Jim liegt in Ketten, Huck soll wieder erzogen werden. Doch dann stellt sich heraus, dass Jim schon vor seiner Flucht frei gelassen worden und die ganze Unternehmung unnötig gewesen war.

Huckleberry Finn ist ein hilfloser kleiner Junge, der scheinbar den Mächten der Welt ausgeliefert ist und ihnen schließlich auch unterliegt. Selbst der Triumph der Freiheit ist nicht durch ihn erkämpft, sondern ein verrückter Zufall. Dennoch ist die Geschichte von Huckleberry Finn das ideale Beispiel dafür, wie man aus der Position der Hilflosigkeit herauskommen kann.

Die historische Bedeutung von Huckleberry Finn

Mark Twain hat ›Die Abenteuer des Huckleberry Finn‹ mit dem Untertitel: ›Tom Sawyers Kamerad‹ 1884 geschrieben und ist damit reich und berühmt geworden. In Amerika gilt das Buch als ein Beitrag Amerikas zur Weltliteratur. In Deutschland gilt es als Kinderbuch.

Dabei ist der Roman ein Geniestreich und ein wahrhaft revolutionäres Werk. Twain traut sich erstmals in einem ganzen Buch, und nicht nur in einzelnen Dialogen, alle Regeln der Rechtschreibung und der Grammatik über Bord zu werfen und so zu schreiben, als ob ein Junge aus den Südstaaten die Geschichte selbst erzählt. Dazu wählte Mark Twain einen naiven Stil mit Slang, vielen Wiederholungen und dem Wortschatz der rassistischen Südstaaten vor dem Bürgerkrieg. In dieser Sprache wird aber das genaue Gegenteil von Rassismus erzählt, nämlich die Geschichte von der Befreiung aus solchen beengenden und menschenfeindlichen Vorstellungen. Huck Finn wird so zum Held der Freiheit.

Schon in seiner Reisebeschreibung ›Die Arglosen im Ausland‹ hatte Mark Twain das Selbstbewusstsein seiner Landsleute gegenüber dem snobistischen und dekadenten Europa gestärkt. Nun hatte er einen echten amerikanischen Helden geschaffen, der die frohe Botschaft verkündete: Man kann ohne und gegen die Bildung Europas persönliche Freiheit und Humanität, wahre Zivilisation erreichen. Seine Tanten hatten versucht, Huck nach europäischem Vorbild zu »zivilisieren«. Doch er entflieht ihnen und findet dabei zu mehr Zivilität als die meisten Menschen, denen er auf seiner Flucht begegnet.

Seine Zivilität äußert sich in seiner Zivilcourage. Keine Autorität zählt für ihn, keine Anweisung, kein Vorbild. Er überprüft alles am Maßstab seines Gefühls für Menschlichkeit. Zwar benutzt er die Sprache des Rassismus, die Sprache seiner Welt, doch denkt er wie ein Mensch, für den allein die unbefangene Wahrnehmung der Menschen zählt und nicht die Hautfarbe oder das Herkommen.

Huckleberry Finn und die Politik

Mark Twains Huckleberry Finn soll uns zum Schluss dieses Büchleins – wie Mark Twains Engel Satan am Anfang – zu einem letzten unbefangenen Blick auf Politik verhelfen. Huckleberry Finn ist der Naivling, der Hilflose, der sich in der chaotischen Welt vor dem großen amerikanischen Bürgerkrieg bewegt. Er ist in einer ganz ähnlichen Situation wie meine Eltern vor dem Zweiten Weltkrieg. Dennoch gelingt es ihm, seine Welt wenigstens teilweise selbst zu gestalten und sich seine Menschlichkeit gegen die Welt zu bewahren. Wie schafft er das? Was kann man daraus für Politik lernen?

Huckleberry Finn ist vor allen fremd gesetzten Bindungen geflohen, kann sich selbst versorgen, kennt alle Tricks der Natur und der ihm bekannten Welt und braucht sich nichts und niemandem zu unterwerfen. Seine Freundschaft zu Jim, dem entlaufenen Sklaven, ist ihm wichtiger als alles andere. Darum fällt es ihm leicht, Zivilcourage zu zeigen. Denn keines seiner anderen Bedürfnisse kann benutzt werden, um ihn zum Verrat an seiner Freundschaft zu bringen. Niemand hat Macht über ihn, weil ihm die Freiheit und Mitmenschlichkeit wichtiger sind als alles andere.

Darin liegt der Unterschied zu meinen Eltern. Trotz allen Entsetzens über die Unterdrückung und Verfolgung der Juden und über das Pogrom vom 9. November 1938 war ihnen – und vielen Millionen Deutschen – ihre neu eingerichtete Wohnung und ihre Familienidylle wichtiger. Sie blieben und sie machten mit, so weit es nötig war, wie fast alle.

Das Milgram-Experiment hat gezeigt, dass Gehorsam von den strukturellen Bedingungen abhängt. Wenn sich die Autoritäten widersprechen oder gar streiten, steigt die Wahrscheinlichkeit der Zivilcourage. Huckleberry Finn zeigt jedoch noch eine weitere wichtige Voraussetzung für Zivilcourage: Ob und wie weit jemand Macht über eine andere Person haben kann, hängt davon ab, was dieser Person wichtig ist. Das ist die Grundlage für Zivilcourage: Mitmenschlichkeit, Freiheit, Selbstbestimmung, Respekt müssen so wichtige Bedürfnisse sein, dass die üblichen Machtmittel, Erpressung oder Bestechung, nicht greifen.

Huckleberry Finn hat es nur ausnahmsweise mit der Staatsgewalt zu tun. Die ist zu jener Zeit in Amerika auch nur selten anzutreffen. Seine Zivilcourage muss sich an anderen Menschen beweisen. Und auch hier ist Huckleberry Finn ein spannender Lehrmeister. Denn nie geht er in eine direkte Konfrontation, nie lässt er sich auf einen Machtkampf ein, den er als kleiner Junge, der einen entlaufenen Sklaven zu schützen hat, sowieso verlieren würde. Er setzt sich mit Einfallsreichtum und Witz durch. Er macht seine Schwäche zur Stärke, wenn er auf die Drohung, man solle seinen schwarzen Freund lynchen, antwortet: »Wer zahlt dann dem Besitzer den Preis für den Sklaven?« Oder er schützt seinen Freund vor anderen Sklavenjägern, indem er ihn selbst in Ketten legt und vorgibt, er selbst habe ihn gefangen und bringe ihn nun zu seinem rechtmäßigen Besitzer zurück, um das Kopfgeld zu kassieren.

Mut, der meint, er müsste sich im Machtkampf beweisen, ist in Konfrontationen mit gewaltbereiten Menschen meist ausgesprochen gefährlich. Denn das ist es, was sie suchen: den Strudel des Kampfes, den Adrenalinrausch, der alle Rationalität und Rücksichtnahme zerstört. Huckleberry Finn entzieht sich solchen Machtkämpfen mit Wendungen, die seine Schwächen mit Witz und Hintersinn zu Stärken machen.

Mark Twains Roman zeigt auf sehr einfache und doch raffinierte Weise, dass Zivilcourage auch unter den ungünstigsten Bedingungen entstehen und sich durchsetzen kann. Insofern ist die Geschichte von Huckleberry Finn eine eminent politische Geschichte, denn sie zeigt, wie man sich aus einer Position der Hilflosigkeit herausbewegen kann zu einer Position der Selbstbestimmung.

Bürgerinitiativen: Zivilcourage zusammen mit anderen

Die Lehre des Huckleberry Finn bekommt unter den hiesigen und heutigen Bedingungen einen anderen Sinn. Es geht nicht mehr um den Dschungel, den Fluss und um Sklavenjäger.

Heute bedeutet Zivilcourage meist, zusammen mit anderen für das einzustehen, was man für wichtig und richtig hält. Es geht dabei in der Regel darum, in unserer extrem durchorganisierten Gesellschaft, die von der großen Politik und großen Organisationen dominiert ist, an einzelnen Punkten für einzelne Zwecke Stein des Anstoßes zu werden, die Routine zu stören und die Gesellschaft zum Nach- und Umdenken zu bringen. Bürgerinitiativen wie Attac, NGOs (Non-Government-Organisations), wie Greenpeace oder Amnesty International sind Beispiele für eine solche Form von Zivilcourage. Eigentlich ist sie schon Politik, aber Politik ohne Partei.

Solches zivilgesellschaftliches Engagement hat sich seit den Siebzigerjahren des 20. Jahrhunderts entwickelt und bietet heute für Menschen, die einzeln gegenüber den Großorganisationen zur Hilflosigkeit verdammt wären, vielfältige Möglichkeiten, diese Hilflosigkeit zu überwinden. Mit solchen Gruppierungen können sie in einer Frage, die ihnen wichtig ist, der großen Politik die Stirn bieten und sie zum Innehalten und Nachgeben zwingen, also punktuell Macht über die Politik gewinnen.

Die Hauptwaffe solcher Gruppen ist die symbolische Politik: Sie sammeln Unterschriften, rufen zu originellen oder spektakulären Aktionen auf, veranstalten Feste und Basare oder lassen sich ein pressewirksames Happening einfallen. Wenn sie es schaffen, die Parteien mit ihrer symbolischen Politik ins Eck zu drängen, so dass die Parteien weniger – oder gar eine schlechtere – Publizität erreichen als die Bürgerinitiative, dann gerät die offizielle Politik unter Druck. Dann gibt sie häufig nach, weil sie sich keinen Imageverlust leisten kann. Dann wird das Problem zur Lösung frei gegeben. Danach kann man als Bürgerinitiative in aller Ruhe mit den Machern der praktischen Politik verhandeln und vernünftige Lösungen suchen. Das geschieht häufiger als man denkt. Solche punktuelle Aktionen zu einem begrenzten Thema bewirken in der Politik immer wieder Erstaunliches.

Solche Initiativen sind der ideale Ausgangspunkt, um sich selbst in der Politik auszuprobieren. Denn man legt sich nicht auf die Weltsicht einer Partei fest. Man engagiert sich für ein bestimmtes Thema und lernt bei dieser Art punktueller Politik viele interessante Menschen kennen, hat Freude und Frust, Hänger und Höhepunkte und merkt, dass Politik Spaß machen kann – selbst dann, wenn sie nichts oder nur wenig erreicht. Schon das gemeinschaftliche Handeln gegen eine scheinbare Übermacht macht Mut und führt aus der Hilflosigkeit.

Die Vorteile der Parteiarbeit

Wenn man die Hilflosigkeit gegenüber der großen Politik aber wirklich überwinden will, muss man sich in sie einmischen. Ohne Parteimitgliedschaft ist man auf das Einmischen an einzelnen Punkten verwiesen oder darauf beschränkt, bei Wahlen seine Stimme abzugeben. Bei etwa sechzig Millionen Wahlberechtigten in der Bundesrepublik hat man bei Bundestagswahlen nur ein sechzigmillionstel Gewicht.

Doch sechzig Millionen Wahlberechtigten stehen 1,7 Millionen Parteimitglieder gegenüber. Nur drei Prozent der Wahlberechtigten sind also in einer Partei. Von denen sind wieder nur etwa die Hälfte wirklich aktiv, also 1 bis 1,5 Prozent der Wahlberechtigten.

Dabei passiert in Parteien die Hauptsache in der Politik: Parteien bestimmen die Kandidaten und Kandidatinnen für alle Wahlen. Sie stellen das Personal für nahezu alle Positionen mit politischem Gewicht sowohl in den Parlamenten und Kabinetten wie in den Ministerien und sogar in den Gerichten. Sie legen die Richtung fest für die politische Entwicklung der Bundesrepublik Deutschland. Sie sind die absolut dominanten Akteure der Politik. Sie haben die Macht in Händen. Wer Einfluss auf Politik nehmen will, wer wirklich etwas bewirken will, sollte in eine politische Partei eintreten.

Gerade in der heutigen Zeit der Politikmüdigkeit, der sinkenden Bereitschaft zur Mitarbeit in Parteien sind die Chancen, durch eine Parteimitgliedschaft Politik aktiv mitgestalten zu können, so gut wie noch nie – besonders in den neuen Bundesländern, denn dort hat jedes einigermaßen aktive und redegewandte Mitglied die Chance zu einer großen Karriere.

Parteipolitik ist jedoch eine Sache für sich. Parteipolitik ist wie ein dynamisches Strategiespiel. Es kann außerordentlich spannend sein. Denn die Regeln stehen nie fest. Es gibt immer neue Koalitionen und Gegnerschaften. Man muss genau kalkulieren können, mit wem man rechnen kann, wen man verpflichtet hat, wem man noch einen Gefallen tun muss, von wem man abhängig ist, wen man abschreiben kann. Denn nur mit Koalitionen und geschickten Schachzügen bekommt man seine Lieblingskandidaten durch. Gemeinsam muss die ganze Partei um möglichst viele Stimmen kämpfen. Aber ansonsten sind Parteifreunde Konkurrenten um Ämter und Einfluss.

Dennoch: Mit dem Eintritt in eine politische Partei vervielfacht sich das politische Gewicht eines Menschen. Statt mit anderen sechzig Millionen Wahlbürgern teilt man nun die Macht mit wenigen tausend anderen aktiven Parteimitgliedern. Es ist der wichtigste Schritt, um die Hilflosigkeit in der Politik zu überwinden.

Kommunalpolitik als Einstieg in Parteipolitik

Der beste Einstieg in die Parteiarbeit ist die Kommunalpolitik, insbesondere die in kleinen Gemeinden oder in ländlichen Kreisen. Da kennt man sich. Da zählt die einzelne Person. Parteien spielen keine große Rolle. Es gibt häufig freie Wählervereinigungen, die manchmal sogar den Bürgermeister stellen. Die Probleme in der Gemeinde sind klar: Wo soll die Umgehungsstraße liegen? Soll die Ortsstraße verkehrsberuhigt werden? Wo kommt das Geld für die Reparatur der Frostschäden her? Es sind bürgernahe Probleme und ihre Lösung verschafft unmittelbare Befriedigung. Auch geht es um wirkliche Macht. Denn mit der Entscheidung für oder gegen ein Bauprojekt, für oder gegen die Einstufung eines Gebiets als Bauerschließungsland, für oder gegen die Definition einer Straße als Fußgängerzone beschließt man über viel Geld und über viele Chancen. Korruption findet nicht ohne Grund vor allem auf der kommunalen Ebene statt. Darum ist Kommunalpolitik mit besonders viel Verantwortung verbunden und bietet die Chance zur wirksamen Kontrolle der Macht und zur Überwindung der Hilflosigkeit in einem für den Alltag besonders bedeutsamen Bereich.

Doch das ist nicht die Politik, die über Armut und Reichtum, Krieg und Frieden entscheidet. Kommunalpolitik kann sich nur in dem engen Rahmen bewegen, der durch die Bundes- und Landesgesetze und durch EU-Regelungen vorgegeben ist. Die Musik wird zwar auf der kommunalen Ebene gespielt. Die meisten Gesetze werden dort ausgeführt, das meiste Geld dort ausgegeben. Doch komponiert wird die Musik anderswo, wenig auf der Landesebene, die Hauptsache auf der Bundesebene und immer mehr auf der Europa-Ebene in Straßburg und Brüssel. Zwar ist es für die Musik schon wichtig, wer sie spielt. Es gibt gute und schlechte Kapellen, gute und schlechte Dirigenten. Ob es aber wirklich gute oder schlechte Musik ist, hängt vom Komponisten ab. Und der sitzt auf höherer Ebene.

Je höher die Ebene desto wichtiger ist der früher bereits besprochene Unterschied zwischen symbolischer und praktischer Politik. Es gibt Posten, in die man nur durch allgemeine Wahlen gelangt: Gemeinderat, Bürgermeister, Kreistag, Landrat, Landtag, Bundestag und die entsprechenden Ministerämter. Wer gewählt und wiedergewählt werden will, muss vor allem symbolische Politik betreiben. Die ist dafür wichtiger als alles andere. In solcher Position muss man zwar auch die Grundlinien der praktischen Politik kennen und sich oft genug in sie verstricken. Lange Nachtsitzungen mit Verhandlungen über Kompromisse bei Details werden zwar im Wesentlichen zwischen den Experten geführt, doch oft genug durch die Anwesenheit und die persönliche Vermittlung der höchsten Ebene entschieden. Praktische Politik kann in der Regel jedoch nur in zweiter Linie betrieben werden. Entscheidend ist der öffentliche Eindruck, nicht die wirkliche Leistung.

Die Rolle von Parteimitgliedern in der praktischen Politik

Anders ist es in all den Positionen, die zwar auch parteipolitisch besetzt werden, aber nicht durch Wahlen. Das geht los bei den Staatssekretärsposten auf höchster Ebene, reicht aber bis in die mittleren Ebenen der Ministerien, der Stadtverwaltung und der Justiz. Dort wird praktische Politik gemacht. Die parteipolitisch gebundenen Mitglieder der Verwaltungen erarbeiten in der Regel sachlich begründete, nur wenig parteipolitisch beeinflusste Urteile, Gesetzentwürfe, Verordnungen und Bescheide, um die Probleme des gesellschaftlichen Alltags zu bewältigen. Oft arbeiten sie eng mit den Verwalteten, den Hochschulen, Schulen, Krankenhäusern und Betrieben zusammen und suchen gemeinsam nach besten Lösungen. Parteizugehörigkeit und Parteiprogramme rücken dabei meist in weite Ferne. Ohne ideologische Festlegungen wird der politische Alltag bearbeitet. Man gestaltet Wirklichkeit. Fähigkeit, Humor, Zuverlässigkeit zählt – nicht Überzeugung.

Praktische Politik ist lange nicht so spannend und glanzvoll wie symbolische Politik. Sie gewinnt keine Wahlen und keine Macht. Praktische Politik ist für das zuständig, was symbolische Politik übrig lässt. Sie kann aber viel Befriedigung verschaffen. Und sie hat eine eminente Bedeutung für den Zusammenhalt der Gesellschaft. Denn mit ihrer stetigen Arbeit gewährt sie uns ein gutes, wenn auch manchmal etwas umständliches Alltagsleben, an dem wir uns selten stoßen. Diese Alltagszufriedenheit mit dem Selbstverständlichgewordenen ist die Grundlage der Herrschaft. Sie überzeugt mit ihrer Alltagsweisheit so sehr, dass die meisten Menschen dem Staatsgebilde ihre Zustimmung geben, seine Herrschaft anerkennen, auch dann, wenn ihnen viele Aktionen der symbolischen Politik zuwider sind und sie sich in diesem Bereich nur widerwillig der Macht beugen.

Last und Reiz der symbolischen Politik

Symbolische Politik zielt auf die Medien, trifft sie aber eher selten. Die Sendemöglichkeiten für politische Informationen sind in Funk und Fernsehen bekanntlich sehr begrenzt. In der Massenpresse – das sind die lokalen Abonnementszeitungen und die überregionale Boulevardpresse – kommt Politik nur auf wenigen Seiten und nur mit starken Bildern und Aussagen vor. Dennoch müssen die Akteure der symbolischen Politik mit allen Journalisten reden, müssen jede Chance der Selbstdarstellung nutzen. Viel Zeit wird deshalb mit zeremoniellen Veranstaltungen verbracht. Man rast von einem Termin zum anderen, von der Preisverleihung zur Einweihung, von der Eröffnung zur Amtseinsetzung, von der Verabschiedung zur Ehrung.

Man liest von anderen geschriebene Reden ab, hört sich die abgelesenen Reden anderer an, gibt Interviews, führt Hintergrundgespräche und hat für die Probleme der praktischen Politik kaum noch Zeit. Die muss man seinen Mitarbeiterinnen und Mitarbeitern überlassen.

Zugleich ist die symbolische Politik voller Reiz. Dort trifft man auf die wichtigen Personen. Dort bewährt sich, ob man selbst zu diesem Kreis zählt. Dort werden die wirklich großen und wichtigen Entscheidungen getroffen. Dort geht es um Armut und Reichtum und um Krieg und Frieden. Wenn man wirkliche Macht haben will und die Welt wirklich mitgestalten will, kommt man um die symbolische Politik nicht herum.

Doch nur wenige Menschen halten das durch. Die Arbeitstage sind lang und hektisch. Termine folgen Schlag auf Schlag mit kurzen Besprechungen dazwischen, wichtige Entscheidungen müssen unter Zeitdruck getroffen werden, frühmorgens Akten studieren, Unterschriften leisten, kaum Privatleben, wenig Schlaf. Politik als Beruf ist ein hartes Geschäft. Die meisten Menschen scheuen den Aufwand. Viele würden die Arbeitslast nicht durchstehen. Die Hauptgefahr dabei: Man vergisst, dass man wegen seiner Position wichtig ist, nicht als Person. Leicht meint man, die Aufmerksamkeit, der Wirbel und die Ehrungen gelten der Person. Dann kann man nicht mehr leben ohne Amt, denn man braucht die Illusion, die nur mit einem Amt zu haben ist.

Doch nur für sehr wenige Menschen wird sich dieses Problem je stellen. Für die meisten geht es um das, worum es auch Huckleberry Finn ging. Sie leben ohne hervorgehobene Position in ihrem normalen Alltag wie die meisten anderen um sie herum. Sie sind umgeben von Entwicklungen und Menschen, auf die sie nur einen sehr geringen Einfluss haben und auf die sie reagieren müssen. In jeder dieser alltäglichen Begegnungen zeigt sich, ob ihnen Freiheit, Selbstbestimmung und der Respekt vor der Würde eines jeden Menschen so wichtig sind, dass sie diese auch dann verteidigen, wenn andere wichtige Ziele auf dem Spiel stehen. Dann sind die Voraussetzungen für Zivilcourage gegeben, dem wichtigsten Gut einer guten Gesellschaft.

Fazit
Das zweitbeste, aber einzig praktikable System

Verschiedene Figuren aus der Weltliteratur und das klassisch gewordene sozialwissenschaftliche Milgram-Experiment haben in den vorangegangenen Kapiteln unterschiedliche Aspekte von Politik beleuchtet.

Der Engel Satan

Der Engel Satan des Mark Twain hat uns einen bescheidenen Blick auf die Gesellschaftsform gelehrt: Zwar wäre eine Diktatur des allwissenden Philosophen, der sich selbstlos dem Gemeinwohl widmet, die ideale Form der Politik. Denn dann müssten nur noch die richtigen Entscheidungen über straff organisierte Kaderparteien weitergegeben und umgesetzt werden. Die komplizierten und fehleranfälligen Mechanismen der Demokratie wären überflüssig. Doch da nicht einmütig zu ermitteln ist, wer dieser allwissende Philosoph ist, müssen wir uns – so hat es schon Platon formuliert – mit der zweitbesten Regierungsform zufrieden geben, der Demokratie.

Das gilt auch für die Verfasstheit der Gesellschaft: Die ideale Gesellschaft wäre eine, in der sich alle selbstlos für das Gemeinwohl aufopfern würden. Da dieses Gemeinwohl genauso wenig einmütig festzustellen ist wie der allwissende Philosoph, muss auch hier auf die zweitbeste Lösung zurückgegriffen werden: die egoistische Gesellschaft. In ihr weiß jede Einheit, was für sie gut ist, und handelt danach. Und wenn es allen Einheiten besser geht, ist dann hinterrücks und ohne bewusste Beteiligung der Beteiligten, wie durch eine unsichtbare Hand, das Ziel erreicht: Das Gemeinwohl ist gesteigert worden. Doch auch die egoistische Gesellschaft hat ihre Konstruktionsfehler.

Etwa eine neue Generation heranzuziehen ist eine mühevolle und aufwändige Angelegenheit, die unter der Herrschaft des reinen Egoismus nicht in genügendem Umfang und in der notwendigen Qualität geschehen würde. Darum muss die egoistische Gesellschaft durch eine Politik ergänzt werden, die solche nicht bloß wirtschaftlich begründbare Zwecke wahrnimmt. Das ist die zentrale Aufgabe der Politik. Damit verwandelt sich die Frage nach der besten Gesellschaft in die nach der besten Politik.

Der Engel Satan mit seinen Milliarden Leben des Kolumbus hat gezeigt, dass Politik keine zuverlässigen Prognosen über zukünftige Entwicklungen leisten kann, dass sie vielmehr nur in einem mehr oder weniger breiten Korridor der Möglichkeiten mit großer Ungewissheit über den wirklichen Verlauf der Ereignisse handeln kann. Auch daraus ergibt sich eine bescheidene Haltung gegenüber Politik. Sie kann nicht damit rechnen, die richtige Entscheidung getroffen zu haben – außer mit Glück. Darum muss sie ihre Entscheidungen so ausrichten, dass sie auch dann halten, wenn sie knapp oder voll daneben lagen. Sie müssen ständig überprüfbar sein, müssen die Handlungsmöglichkeiten erweitern und müssen für korrigierende Eingriffe immer offen sein.

Robinson Crusoe

Robinson Crusoe war der Bote aus dem Beginn des 17. Jahrhunderts von der Freiheit, die nur durch die eigenen Fähigkeiten und Mittel begrenzt ist. Nach ihm haben Philosophen wie Kant viel engere Grenzen der Freiheit gezogen, nämlich dort, wo durch die eigenen Handlungen der Freiheitsraum anderer Menschen beeinträchtigt wird. In der sozialen Wirklichkeit stecken die meisten Menschen jedoch überall so tief in sozialen Netzwerken, dass sie mit nahezu allen ihren Handlungen in Freiheitsräume anderer Menschen eingreifen und damit immer sehr schnell und überall auf die Grenzen ihrer legitimen Freiheit stoßen. Deshalb hat Robinson Crusoe heute wieder Konjunktur. Man macht sich zum Single und lebt wie auf einer Insel möglichst ohne Bindung und Verpflichtungen und Abhängigkeiten, isoliert von allen anderen, mit denen man nur noch durch Medien wie Geld in Kontakt tritt. Diese modernen Robinsons vergessen jedoch, dass es noch einen anderen Weg gibt, den Freiheitsraum zu erweitern: Weil Freiheit von den eigenen Fähigkeiten und den vorhandenen Mitteln abhängt, kann man durch das Zusammenlegen von Fähigkeiten und Mitteln mehrerer Menschen den Freiheitsraum viel wirkungsvoller erweitern als durch den Rückzug aus allen Bindungen und Abhängigkeiten. Das ist der Sinn von Politik.

Milgram

Damit Politik und Demokratie überhaupt funktionieren können – das haben Milgrams Experimente gezeigt –, muss Politik die Ungewissheit und den Streit der Wahrheiten deutlich machen. Die Autoritäten der Politik müssen sich öffentlich um die richtige Lösung streiten. Andernfalls neigen die Menschen dazu, den Anweisungen der einmal etablierten Autoritäten zu folgen – auch dann, wenn sie unmenschlich, dumm und nur mit größter Überwindung auszuführen sind. Autoritäten, die glaubwürdig daherkommen, wird immer und überall Gehorsam gezollt, wenn ihnen nicht von etwa gleichgestellten Autoritäten widersprochen wird. Das ist der große Vorzug der Demokratie: Der Streit der Autoritäten zwingt die Menschen dazu, sich selbst Gedanken zu machen und ihrem Gefühl, ihren Wahrnehmungen zu trauen und sich für ihre eigene Wahrheit zu entscheiden. Die Politik der miteinander im Streit liegenden, konkurrierenden Wahrheiten schafft für die Einzelnen erst die Voraussetzungen für das, was man Zivilcourage nennt, die Fähigkeit und Bereitschaft, für die eigenen Werte auch gegen Widerstand einzutreten.

Der naive Amerikaner in London

Der naive Amerikaner, der in London mit einer Eine-Million-Pfund-Note, die ihm nur zum Schein und für beschränkte Zeit gehörte, ein Vermögen erwirtschaftete, zeigte den Unterschied zwischen symbolischer und praktischer Politik. Denn so wie er mit einem bloßen Symbol ein reales Vermögen erzielte, kann symbolische Politik Wahlen auch dann gewinnen, wenn der Gewinner mit seiner praktischen Politik eigentlich versagt hat. Denn nur wenige Wähler sind willens und fähig die Details und die Erfolge und Misserfolge der praktischen Politik zu verfolgen und sie mit der Programmatik der politischen Parteien so zu vergleichen, dass sie auf die Frage antworten könnten: Hat die Partei ihre Ziele erreicht, ihre Versprechungen erfüllt oder nicht? Der weit überwiegende Teil der Wahlberechtigten trifft seine Wahlentscheidung emotional im Kreis der Familie und der Freunde. Entscheidend sind dafür die Eindrücke der symbolischen Politik. Sie spricht die Menschen als Ganze an. Die praktische Politik berührt immer nur einen kleinen Teil des Lebens und der Person.

Praktische Politik wird dadurch nur zu leicht zu einer mehr oder weniger milden Diktatur der Experten, die zwar zu einer effektiven Politik führt, aber demokratischen Anforderungen nicht genügt. Würden aber alle Fragen der praktischen Politik demokratisch etwa durch Volksentscheid bestimmt werden, würde die Effektivität der Entscheidungen leiden.

Dieses Dilemma löst sich leicht auf, wenn man etwas bescheidenere Ansprüche an die demokratische Legitimation der Politik stellt: Praktische Politik löst praktische Detailprobleme. Symbolische Politik präsentiert die großen Fragen der Gesellschaft und sorgt bei ihnen für eine mehr oder weniger rationale Entscheidung. Vor allem aber ermöglicht symbolische Politik den unblutigen Machtwechsel. Unter dem Schutz der symbolischen Politik, bildlich gesprochen unter dem Schutz der Eine-Million-Pfund-Note, kann praktische Politik eine sinnvolle, wenn auch oft bürokratische Regulierung des Alltags schaffen. Wenn sie allzu sehr aus dem Ruder läuft, wird sie zum Thema der symbolischen Politik und bewirkt auf die Dauer den in anderen Systemen nicht möglichen unblutigen Machtwechsel. Das Verfahren ist häufig nicht sehr rational, aber es funktioniert und ist das einzig praktikable System.

Der kleine Prinz

Der »kleine Prinz« von Saint-Exupéry hat gezeigt, dass ein Regierungsstil, der allein auf Macht vertraut, seinen Willen schneller und effektiver durchsetzen kann als ein Regierungsstil, der sich auf Herrschaft stützt. Der in der Macht enthaltene Zwang macht einen solchen Stil jedoch zum unzuverlässigen und teuren Mittel der Politik. Ein Regierungsstil, der vor allem auf Herrschaft setzt, braucht zwar länger, bis sein Wille allseits als vernünftig akzeptiert wird. Wenn dies jedoch einmal erreicht ist, wird das Regieren leicht und wenig aufwändig.

Die meisten Regierungen wenden eine Mischung beider Stile an. Die erste Lösung eines politischen Problems wird mit Mitteln der Macht durchgesetzt. Dann wird nachgebessert, uminterpretiert und damit die Zustimmung von immer mehr gesellschaftlichen Gruppen gewonnen. Gewöhnung und Anpassungsprozesse der Bürger und Bürgerinnen tragen dann dazu bei, dass die anfangs umstrittene Regelung bald allseits akzeptiert und zur Politik der Herrschaft wird.

Herrschaft besteht dann aus einem Netzwerk allgemein akzeptierter Regelungen. Politik fügt diesem Gewebe immer wieder neue Maschen hinzu, indem sie kontroverse Fragen mit Machtmitteln entscheidet und durchsetzt. Das Ziel dabei muss aber sein, dass aus Macht Herrschaft wird.

Huckleberry Finn

Huckleberry Finn, Mark Twains junger Held der Freiheit, zeigte, wie man eine Position der Hilflosigkeit überwinden und zur Zivilcourage finden kann, auch wenn man keine formale Bildung in Politik hat. Es genügt, dass einem Freiheit, Selbstbestimmung und Mitmenschlichkeit so wichtig sind, dass keine Gefährdung anderer wichtiger Ziele diese infrage stellen kann.

Auf dieser Grundlage gibt es viele und unterschiedliche Mittel, mit denen das zivilgesellschaftliche Engagement noch wirksamer werden kann: Bürgerinitiativen, Kommunalpolitik oder – als wirksamstes, dauerhaftes Mittel – die Mitarbeit in einer politischen Partei.

Die bescheidene Demokratie

Politik, so wie sie in der Demokratie der Bundesrepublik Deutschland funktioniert, mag nicht ideal sein. Doch sie funktioniert besser als alle Versuche der Geschichte, eine ideale Regierungsform zu realisieren. Politik, so wie sie in der Bundesrepublik Deutschland funktioniert, mag nicht immer rational sein. Doch sie ist die einzig praktikable Lösung, um mit den wirklich vorhandenen Menschen mit ihren wirklich vorhandenen Fähigkeiten und Wünschen in wichtigen Fragen zu einer – mehr oder weniger rationalen – Entscheidung zu kommen und hin und wieder einen unblutigen Machtwechsel zu erreichen. Demokratie, so wie sie in der Bundesrepublik Deutschland funktioniert, mag nicht die beste aller denkbaren Regierungsformen sein. Doch als zweitbeste hat sie sich dennoch in der Geschichte der Menschheit als die einzig praktikable Form erwiesen, in der beides möglich ist: Freiheit und Effizienz.

Weiterführende Literatur

Milgram, Stanley: *Das Milgram Experiment. Zur Gehorsamsbereitschaft gegenüber Autorität.* Reinbek 1993

Watzlawick, Paul: *Wie wirklich ist die Wirklichkeit? Wahnsinn. Täuschung. Verstehen.* München 1976

ders.: *Die erfundene Wirklichkeit.* München 1981

Glasersfeld, Ernst von: *Radikaler Konstruktivismus. Ideen, Ergebnisse, Probleme.* Frankfurt am Main 1997

Hildegard Hamm-Brücher im dtv

Freiheit ist mehr als ein Wort
Eine Lebensbilanz
ISBN 3-423-30644-0

In ihren Erinnerungen erzählt die Autorin ganz ohne Nostalgie und mit kritischem Blick von ihrem bewegten und bewegenden Leben. Das Buch ist nicht nur lebendige Zeitgeschichte und ein Blick hinter die Kulissen der großen Politik, sondern auch engagierte Demokratielehre und beherzte Streitschrift für ein kritisch-aktives Politikverständnis.

»Zivilcourage – woher sie kommt, wie sehr sie gebraucht wird, wieviel sie kostet und wie kostbar sie ist: Darüber gibt dieses Buch Auskunft.«
Die Zeit

»Ungehaltene Reden« mündiger Bürgerinnen und Bürger
ISBN 3-423-36140-9

Ist unsere Demokratie so demokratisch, wie sie sein könnte? Hildegard Hamm-Brücher hat die Menschen aufgefordert, ihre Meinung offen zu äußern, und die vielfältigen Antworten sind hier versammelt.

Erinnern für die Zukunft
ISBN 3-423-24254-X

Reden, Kommentare, Autobiographisches aus dem achten Lebens-jahrzehnt der angesehenen und gerade auch von jungen Leuten respektierten Grande Dame der deutschen Nachkriegsdemokratie.

»Sie war – und ist immer noch – eine, im französischen Wortverständnis ›radikale‹ Politikerin, von denen es auf der politischen Bühne Deutschlands nur wenige gibt.«
Joseph Rovan

Bitte besuchen Sie uns im Internet: www.dtv.de